车务系统行车业务知识问答

《车务系统行车业务知识问答》编委会　编

中国铁道出版社

2017年·北京

图书在版编目(CIP)数据

车务系统行车业务知识问答/《车务系统行车业务知识问答》编委会编. —北京:中国铁道出版社,2016.4 (2017.6重印)
ISBN 978-7-113-21661-0

Ⅰ.①车… Ⅱ.①车… Ⅲ.①铁路行车—问题解答 Ⅳ.①U292.2-44

中国版本图书馆 CIP 数据核字(2016)第 060814 号

书　　名: 车务系统行车业务知识问答
作　　者: 《车务系统行车业务知识问答》编委会　编

责任编辑: 刘　钢　　　　**编辑部电话:** 010-51873055
封面设计: 崔丽芳
责任校对: 王　杰
责任印制: 陆　宁　高春晓

出版发行: 中国铁道出版社(100054,北京市西城区右安门西街 8 号)
网　　址: http://www.tdpress.com
印　　刷: 中国铁道出版社印刷厂
版　　次: 2016 年 4 月第 1 版　2017 年 6 月第 3 次印刷
开　　本: 880 mm×1 230 mm　1/32　**印张:** 7.75　**字数:** 240 千
书　　号: ISBN 978-7-113-21661-0
定　　价: 34.00 元

编　委　会

前　言

《车务系统行车业务知识问答》是为提高车务系统行车作业、管理人员的综合业务素质和应急处理能力、解决现场作业理论脱离实际的问题,按照“铁路行车工种岗位标准”、“铁路职业技能培训规范”的要求编写而成的。

本书共分两大部分,第一部分为设备介绍,第二部分为行车业务知识。全书本着“服务现场、便于运用”的原则,利用大量图片、图例,以“一问一答”的方式,对铁路车务行车工作中的理论知识和实作技能进行讲解,并融入了铁路机车、车辆、工务、电务、供电、通信等新设备、新技术的相关知识。以增进车务系统行车作业、管理人员对铁路运输组织、非正常应急处置过程的识别和判断能力,从而确保铁路运输的安全、高效。

本书由太原铁路局运输处、职工教育处共同组成的编委会编写,主要编写人员有丁永民、张军、王文岗、孟庆泽、梁红卫、何建忠、郭建忠、康保泽、王利平、张述峰、吴建民、李化军、陈鹏、杨炳、张勇奇等同志。

本书在编写过程中得到了太原局有关业务处室、各运输站段的大力支持和帮助,在此表示衷心的感谢!

由于编者水平有限,本书在编写过程中难免出现疏漏之处,恳请各位读者提出宝贵意见和建议,以便进一步修订完善。

本书编委会

2015 年 12 月

目　　录

第一部分　设备介绍

第二部分　行车业务知识

第一部分　设备介绍

第一篇　车 辆 篇

第一章　货车知识

1. 铁路货车是如何定义的?

答:铁路货车是指供运输货物的车辆,原则上编组在货物列车中使用。

2. 铁路货车分类是如何划分的?

答:铁路货车按用途分为通用货车、专用货车和特种用途车。铁路货车主要车种基本型号见表 1-1-1。常见车种外观如图 1-1-1～图 1-1-10 所示。

表 1-1-1

车种	基本型号	车种	基本型号	车种	基本型号
棚车	P	冷藏车	B	毒品车	W
敞车	C	自翻车	KF	水泥车	U
平车	N	矿石车	K	家畜车	J
集装箱平车	X	长大货物车	D	粮食车	L
平车-集装箱共用车	NX	特种车	T		
罐车	G	小汽车双层平车	SQ		

图 1-1-1　通用货车-敞车(C)

图 1-1-2　通用货车-棚车(P)

图 1-1-3　通用货车-平车(N)

图 1-1-4　通用货车-罐车(G)

图 1-1-5　通用货车-冷藏车(B)

图 1-1-6　专用货车-运煤专用敞车(C_{80})

图 1-1-7　专用货车-矿石车(K)

图 1-1-8　专用货车-集装箱车(X)

图 1-1-9　专用货车-长大货车(D)

图 1-1-10　特种货车-救援车(T)

3. 什么是专用货车?

答:专用货车是指专供运送某些货物的铁路货车,主要包括罐车、集装箱车、双层小汽车平车、漏斗车、毒品车、长大货物车等。

4. 什么是特种用途车?

答:特种用途车是指按特种用途设计制造的货车,主要包括救援车、检衡车、发电车、除雪车等。

5. 铁路货车应有哪些明显标记?

答:铁路货车应有的明显标记(图 1-1-11):

(1)共同标记:车种、车型、车号、载重、自重、容积、换长、定检、定位、车钩中心线等,部属铁路货车还须涂打路徽。

图 1-1-11

(2)特殊标记：㊇、㊇、㊕、㊇、㊇等。

(3)除以上共同标记和特殊标记外，铁路货车还应有车辆自动识别标签；罐车“进汽压力”，“容量计表”标记；货物品名标记；毒品专用车毒品标记；空气制动装置、铁路货车新产品试运期间标记；电化区段运行的机械冷藏车应有“电化区段严禁攀登”字样。

6. 铁路货车车型编码要求是如何规定的？

答：(1)车号采用7位数字代码，可编铁路货车的容量为9999999辆(图1-1-12)。

(2)同车种车型铁路货车的车号必须集中在本标准划定的码域内，以便从车号编码上反映铁路货车的车种、车型。

(3)每辆铁路货车的车号编码在全国范围内必须唯一。为了对铁路货车识别与管理，特别为了满足全国铁路货车信息化管理的需要，必须对运用中的每一辆铁路货车都进行编码，且每一辆铁路货车的编码是唯一的。

图1-1-12　车号编码示例

7. 铁路货车车型编码是如何组成的？

答：新的铁路货车车型编码由三部分组成，用大写汉语拼音字母和数字混合表示。

第一部分基本型号：为铁路货车所属的车种编码(即车种的基本型号)，用1位大写字母表示，作为车型编码的首部。

第二部分辅助型号：为铁路货车的重量系列或顺序系列，用 1 位或 2 位数字或大写字母表示。

第三部分辅助型号：为铁路货车的材质或结构，用 1 位或 2 位大写字母表示。

辅助型号字号应比第一部分要小，并记在第一部分字母的右下角。

8. 铁路货车基本型号的含义是什么？

答：基本型号是将铁路货车的车种称号简化，用一个或两个大写汉语拼音字母来表示，大多数铁路货车用一个大写字母来表示，将这些拼音字母称为铁路货车的基本型号。例如：棚车（pengche）、敞车（changche）、平车（pingche）等汉语拼音中的大写字母“P”、“C”、“N”均为该车的基本型号。

9. 铁路货车辅助型号的含义是什么？

答：辅助型号是同一车种名称的铁路货车，因不同结构系列及内部有特殊设施或车体材料改变时，为了更详细的区分，用 1 位或 2 位小号阿拉伯数字及小号汉语拼音字母表示，附在基本型号的右下角。将这些小号阿拉伯数字和汉语拼音字母称为铁路货车的辅助型号。例如：C_{64}、P_{62N}、X_{1K} 等中的“64”、“62N”均为辅助型号。

10. 铁路货车号码的含义是什么？

答：铁路货车号码表示按预先规定的规则而编排的某一车种的顺序号码。用以区分同一类型的不同铁路货车，用大号阿拉伯数字表示，记在基本型号和辅助型号的右侧。如 P_{62}3130248、C_{64}4810248、C_{70}1506898 等，每一辆车均有自己的号码。

11. 铁路货车的产权和制造标记有哪些？

答：(1)路徽：凡属于中国铁路总公司的铁路货车，一律涂打表示人民铁道的路徽，并在铁路货车的侧梁端部装有人民铁道路徽的产权牌。

(2)配属标记：所有有固定配属的铁路货车，应涂打负责管理的所属铁路局和车辆段的简称，如“成局成段”代表成都铁路局成都车辆段的配属车，中国铁路总公司所属车以㊕字表示。铁路货车涂打在车体中部及性能标记下方。配属各局的石油直达列车的罐车应在罐车一、二位端板中心，保温套上缘涂打“罐车配属及车组号”标记。

(3)制造厂名标牌：为标明铁路货车制造单位和年月，铁路货车在侧梁左端装有制造厂铭牌(图 1-1-13)。

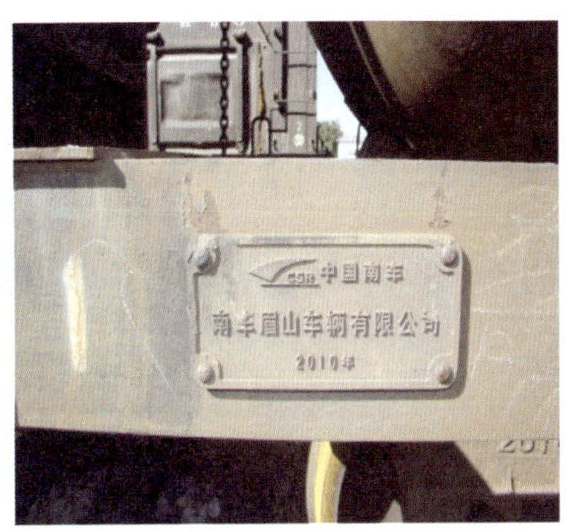

图 1-1-13　制造厂名标牌

12. 铁路货车的性能标记有哪些？

答：铁路货车性能标记有载重、自重、容积、换长等标记(图 1-1-14)，其中载重、自重以吨(t)为单位，容积以立方米(m^3)为单位，棚车、冷藏车、家畜车涂打(长×宽×高)标记，敞车、平车涂打(长×宽)标记，罐车涂打容积及容量标记。

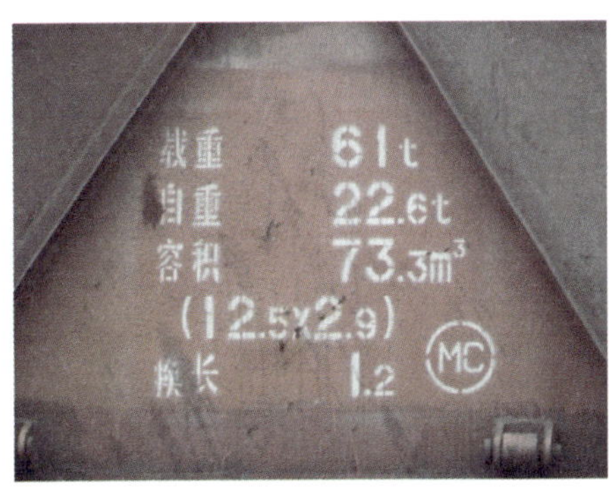

图 1-1-14　货车性能标记

13. 铁路车辆由哪几部分组成?

答:铁路车辆一般由车体、车底架、走行部、车钩缓冲装置和制动装置五部分组成(图 1-1-15)。

图 1-1-15 车辆组成

14. 铁路货车的方位及零部件位置的称呼方法是如何规定的?

答:为了便于运用管理和修理的方便,对铁路货车的方向和位置规定了统一的确定方法。

(1)铁路货车纵向是铁路货车位于平直线路时,沿铁路货车前后的连接方向,铁路货车横向是与铁路货车纵向相垂直的水平方向。

(2)铁路货车的方位规定以装人力制动机或制动缸活塞杆伸出方向的一端为一位端,与一位端相反的另一端为二位端。当上述含义不适用时,由设计部门自行规定。

对于多制动缸的长大货物车,以装有人力制动机的一端为一位端,个别铁路货车两端均装有人力制动机者,由设计部门自行规定,以出厂时所涂打的标记为准。

(3)观察者位于一位端,面向铁路货车站立时,观察者左边的铁路货车一侧为一位侧,相对的另一侧为二位侧。

铁路货车的轴位、轮位、梁位和轴箱、车钩、转向架等其他部件的方位确定,如果是纵向排列的,是由一位端起至二位端止以自然数顺次标注。如果位置是左右对称的,则站在一位车端,面向二位端,从一位端起,从左向右以自然数顺次标注到二位端止(图 1-1-16)。

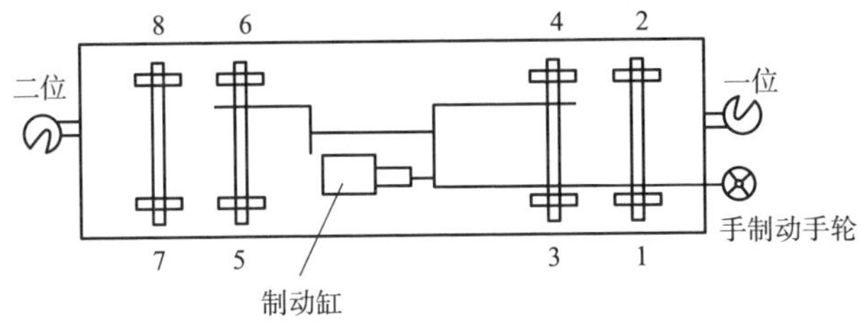

图 1-1-16　货车方位示意图

(4)列车中铁路货车前后左右的称呼方法。

编挂在列车中的铁路货车,其前后左右的称呼方法是按照列车运行方向来规定的,其前进方向的那一端称为前部,相反的一端称为后部,面向前部站立定出其左右。

15. 铁路货车性能参数有哪些?

答:铁路货车的性能参数包括自重、载重、容积、自重系数、比容系数、轴重、每延米轨道载重、换长等。

16. 什么叫车辆的换长?

答:指铁路货车长度(m)除以标准长度(m)所得之值称为铁路货车的换长。它是铁路货车长度换算标记,保留 1 位小数。铁路货车长度(全长)是指铁路货车不受纵向外力影响时,两端车钩连接线间的距离(自动车钩处于闭锁状态)。以 m 为单位,保留 1 位小数。

以解放初期 C_1 型敞车的铁路货车长度 11 m 为标准长度,将现车的铁路货车长度换成 C_1 型敞车的倍数,即以铁路货车长度除以 11 m 所得之数字,就是该现车的换长。采用换长主要是为了简化计算列车的编组长度。

17. 铁路货车主要尺寸有哪些?

答:(1)全长:在不受纵向外力影响的铁路货车两端两车钩均处在闭锁位时,两端钩舌内侧连结面之间的距离。

(2)宽度与最大宽度:铁路货车宽度指铁路货车两侧的最外凸出部位之间的水平距离。铁路货车最大宽度指铁路货车侧面的最外凸出部位与车体纵向中心线间的水平距离的 2 倍。

(3)高度与最大高度:空车时,车体或罐体上部外表面至轨面的垂直距离为铁路货车高度。最大高度指空车时铁路货车上部最高部位至轨面的垂直距离。

(4)车体、底架长度:车体长度为车体两外端墙板外表面的水平距离。底架长度为底架两端梁外表面间的水平距离。

(5)车钩中心线距轨面高度:简称车钩高,它是指空车时车钩中心线至轨面的垂直距离。

18. 铁路货车定期检修不同修程之间的主要区别是什么?

答:铁路货车定期检修不同修程之间的主要区别有下列 4 项:

(1)任务不同。铁路货车厂修的任务在于恢复铁路货车的基本性能。铁路货车段修的任务是维护铁路货车的基本性能,保持在下次相应修程之前各部状态、性能良好,延长铁路货车及零部件的使用寿命。减少临修,提高铁路货车使用效率。铁路货车辅修的任务是维护铁路货车运用的基本性能,努力缩短铁路货车修车时间,加快铁路货车周转,保证行车安全。

(2)检修周期不同。厂修周期为 4～10 年,段修为 1～3 年,辅修为 6 个月,轴检为 3 个月。

(3)施修范围、检修时间不同。铁路货车厂修分解施修范围最大,检修时间最长。

(4)修理场所不同。厂修在机车车辆厂、车辆厂及具有厂修资格的车辆段进行,段修主要在铁路货车检修段进行,辅修在车辆段的站修所进行。

19. 铁路货车的检修标记有哪些?

答:铁路货车的检修标记包括厂、段修标记、辅修标记、轴检标记、临修标记和取消辅修标记。

20. 铁路货车的厂、段检修标记有哪些涂打规定?

答:铁路货车的厂、段修标记。横线上部为段修标记,下部为厂修标记。右侧是本次检修的年、月和检修单位局及段简称,左侧为下次检修年、月(图 1-1-17)。由厂、段修标记可反映出厂修和段修周期。铁路货车的厂、段修标记涂打在车体两侧墙左端下角(特殊车型涂打在车体端墙板的右下角)。

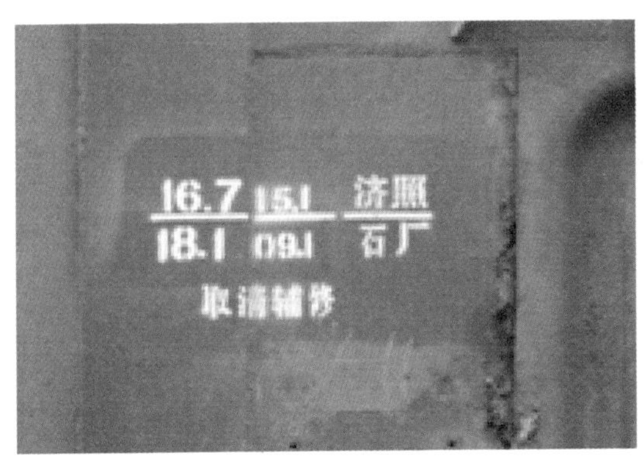

图 1-1-17 货车厂、段修标记

21. 铁路货车取消辅修标记有哪些涂打规定?

答:取消辅修的铁路货车,厂修和段修标记仍按原规定涂打,不涂打辅修标记栏及相关内容。在过渡时期,在原辅修标记栏用白油漆涂打“取消辅修”字样,字体为 40 号宋体,字间距为 20 mm。

22. 铁路货车按走行里程检修标记有哪些涂打规定?

答:按走行里程检修的铁路货车,检修修程分为大修、全面检查修和重点检查修,与厂修、段修、辅修检修范围和内容类似,标记涂打在铁路货车上厂修、段修相应位置。A 行为厂修日期,B 行为段修日期(图 1-1-18)。

23. 铁路货车转向架由哪些部分组成?

答:(1)轮对轴承装置:作为联系构架(或侧架)和轮对的关节部分,其

图 1-1-18　货车走行里程检修标记

主要作用是将轮对的滚动转化为车体沿钢轨的平动，并传递垂向、纵向、横向等多种复杂载荷，适宜的轮轴设计不仅可以减少车辆蛇行运动失稳，还能减小轮对与钢轨之间的载荷冲击。

(2)弹簧减振装置：转向架弹簧悬挂装置和减振器一起构成弹簧减振装置，其主要作用是使车辆载荷均衡的传递到轮对，并缓和、减小因线路不平顺、钢轨磨耗、车轮不圆等引起的车辆振动和冲击。

(3)侧架：它不仅是转向架各零部件安装的基础部件，也是承受载荷的主体部件。因铁路货车转向架具有承载量大的特点。

(4)基础制动装置：主要有制动梁、制动杠杆、拉杆、闸瓦等配件组成，其主要作用是传递和放大制动力，使闸瓦和轮对间产生的转向架内摩擦力转化为轮轨之间的外摩擦力，从而产生制动效果。

(5)摇枕：主要包括下心盘和下旁承等。它的作用是安全可靠地支承车体，承载并传递各作用力(如垂向力、振动力等)，为使车辆顺利通过曲线，车体与转向架之间应能绕不变的旋转中心相对转动。

货车转向架构成如图 1-1-19 所示。

24. 铁路货车转向架的作用是什么?

答：(1)支承车体，承受并传递从车体至轮对之间或从轮轨至车体之间的各种载荷及作用力，并使轴重均匀分配。

(2)通过轴承装置使车轮沿钢轨的滚动转化为车体沿线路运行的平动。

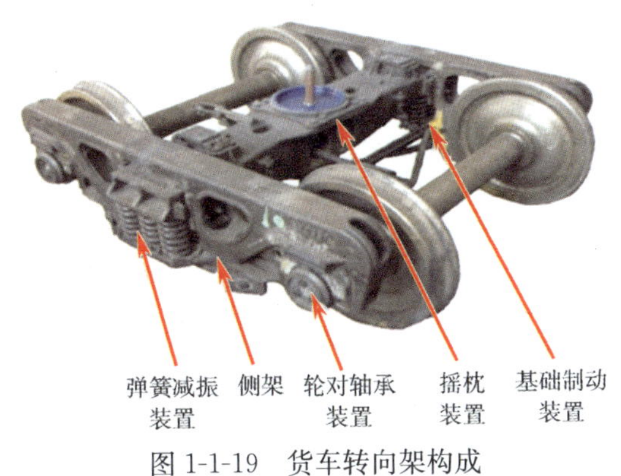

图 1-1-19　货车转向架构成

(3)可增加车辆的载重、长度与容积,提高列车运行速度。

(4)保证车辆安全运行,能灵活地沿直线线路运行及顺利地通过曲线。

(5)具有良好的减振特性,能缓和车辆和线路之间的相互作用,减小振动和冲击,减小动应力,提高车辆运行平稳性和安全性。

25. 滚动轴承有哪些优点?

答:铁路货车采用滚动轴承轴箱装置(图 1-1-20)是重要的技术现代化措施之一。它不仅改善了铁路货车走行部的工作条件,减少了轴箱油润装置的各种惯性事故,如燃轴、轴瓦端磨等,还减轻了日常养护工作,节省润滑油,同时又显著地降低了铁路货车运行阻力。铁路货车采用滚动轴承后,在牵引力相同的条件下,可以提高牵引列车的重量和运行速度。

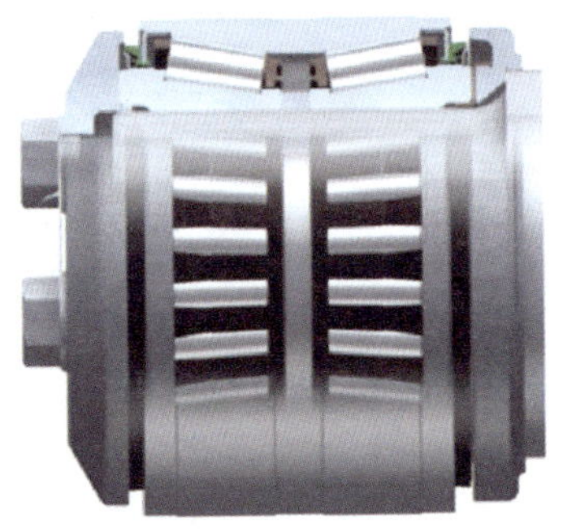

图 1-1-20　滚动轴承

26. 车钩缓冲装置组成及用途是什么?

答:车钩缓冲装置由车钩、缓冲器、钩尾框、从板等零部件组成(图1-1-21),车钩的作用是用来实现机车和车辆或车辆和车辆之间的连挂和传递牵引力及冲击力,并使车辆之间保持一定的距离。缓冲器是用来缓和列车运行及调车作业时车辆之间的冲撞,吸收冲击动能,减小车辆相互冲击时所产生的动力作用。从板和钩尾框则起着传递纵向力(牵引力或冲击力)的作用。

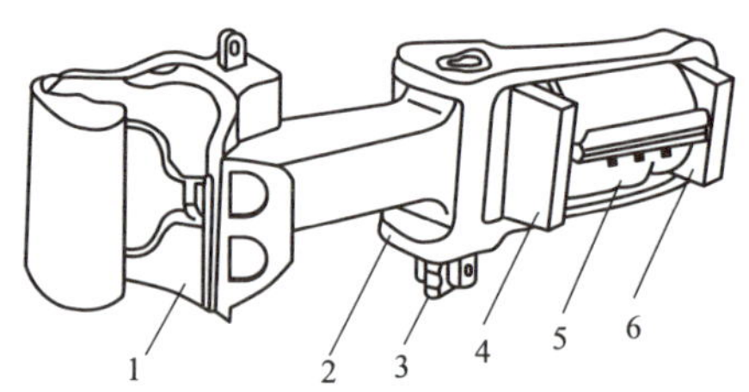

图 1-1-21　车钩缓冲装置

1—车钩;2—钩尾框;3—钩尾销;4—前从板;5—缓冲器;6—后从板

27. 车钩由哪几部分组成? 车钩三态是指什么?

答:车钩由钩头、钩身、钩尾三部分组成。其中钩头内包含钩舌、钩舌销、钩提销、钩锁铁、钩舌推铁等(图 1-1-22)配件。车钩的三态是锁闭位置、开锁位置和全开位置。锁闭位置即两车钩相互连挂的位置;开锁位置即钩舌可以向外转开的位置;全开位置即钩舌已经完全向外转开的位置(图 1-1-23)。

图 1-1-22　钩头

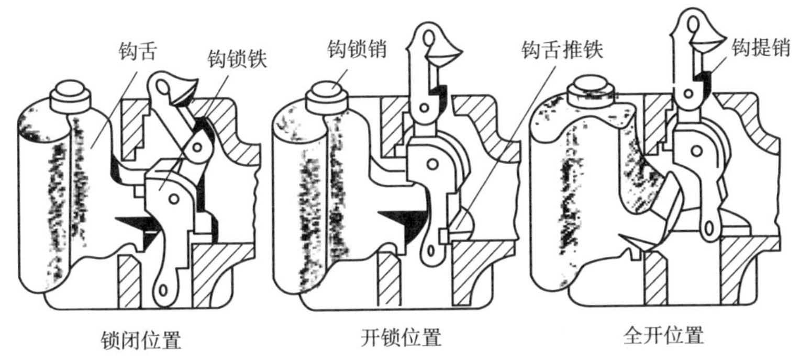

图 1-1-23　车钩三态

28. 车钩的作用及其主要类型有哪些?

答:车钩是铁路车辆之间的连接装置,是关系到列车运行安全的重要部件。车钩的另一个重要作用是在列车中传递纵向力(沿列车长度方向的拉伸或压缩力)。

车钩的种类繁多,结构各异依其转接的方式,分为自动车钩和非自动车钩两大类。

29. 16、17 型车钩的优点是什么?

答:(1)车钩的连挂间隙小。16、17 型车钩的连挂间隙为 9.5 mm,比 13 号车钩减少了 52%,从而可降低列车的纵向冲动,改善了列车的动力学性能,提高了列车运行的安全可靠性。

(2)车钩具有联锁和防脱功能。16、17 型车钩的钩体头部均设有联锁装置,车钩连挂后可自动实现联锁,在车钩钩头下面设有防脱装置,列车发生事故时仍能保持车钩的连挂性能,防止列车颠覆。

(3)车钩结构强度高。能够满足重载列车牵引要求。

(4)防跳性能好,具有 3 种防开锁措施。这 3 种措施为:a. 下锁销的防跳保护;b. 下锁销杆的防跳保护;c. 锁铁上部的防跳止动块。该止动块可防止翻车作业时锁铁窜动,从而避免车钩自动解锁。

(5)车钩各部零部件耐磨性能好。

(6)钩舌销不受力。车钩的牵引和冲击载荷分别由牵引台和冲击台承受，新制车钩的钩舌销完全不受力，可较好的避免钩舌销弯曲变形或断裂。只有当牵引台、冲击台及护销凸缘磨耗后，钩舌销才能与上述部位共同受力。

(7)16 型车钩的转动性能。16 型车钩钩尾部分通过钩舌销与转动套连接后，可在钩尾框内转动，实现了车钩的转动功能。16 号车钩的钩身为一近似圆柱体，减少了钩身与车钩支撑座之间的转动阻力。

(8)17 型车钩的自动对中功能。17 型车钩尾部设有自动对中凸肩，可以使车钩在运行中经常保持正位。

旋转车钩、16、17 型车钩如图 1-1-24～图 1-1-26 所示。

图 1-1-24　旋转车钩

图 1-1-25　16 型车钩

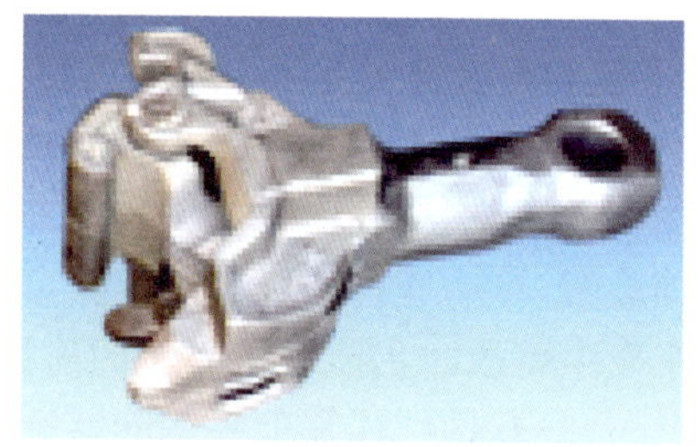

图 1-1-26　17 型车钩

30. 为什么 16、17 号车钩不能连挂客车?

答：16、17 号车钩结构横向轮廓尺寸和体积均大(图 1-1-27、图 1-1-28)，违规连挂后，当车钩在压缩或冲撞时，由于17型车钩缓冲器容量比15型车钩缓冲器容量大，17型车钩钩头有很大一部分伸入到风挡通过台的下方；或者在装有16、17号车钩的货车空车状态时，车钩会相对高于15号钩，距通过台下平面距离小等因素，易与风挡发生刮碰现象，损坏客车风挡。发生上述现象后影响车辆顺利通过曲线，会导致不良后果。

图 1-1-27

图 1-1-28

31. 简述车钩防跳插销的作用。

答：为进一步提高17型车钩的防分离可靠性，保证铁路运输安全，在借鉴国外运用经验的基础上，结合国内实际情况，16、17型等车钩加装了"β"型防跳插销(图 1-1-29)，为16、17型等车钩增加一个防分离的安全可靠措施。

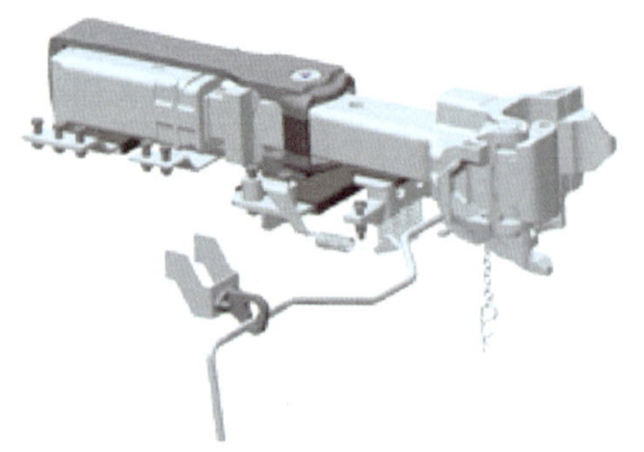

图 1-1-29　防跳插销

32. 影响车钩高度的因素有哪些?

答:影响车钩高度的主要因素有车轮直径,车轮踏面磨耗,上、下心盘的磨耗及心盘垫板的厚度,枕弹簧的衰弱,重车时枕簧的压缩,以及钩颈下面与钩体托梁的磨耗等因素都影响车钩高度的变化,调整车辆一端的车钩,也要考虑同车另一端车钩的高度变化。

33. 为什么要安装车钩缓冲器?车钩缓冲器的种类及目前货车使用的缓冲器主要是哪两种?

答:为了缓和并减低车辆在连挂、起动、制动时等产生的冲击力,提高列车运行的平稳性,延长车辆使用寿命,在车钩的后面装有缓冲器。

缓冲器有摩擦式和摩擦橡胶式两种。目前货车使用的缓冲器主要是 2 号、G2 号摩擦式缓冲器。

34. 车辆上的制动装置由哪几部分组成?

答:车辆上的制动装置由自动制动机和基础制动装置两部分组成。

35. 什么叫空气制动机?

答:利用压缩空气为原动力,并用压力空气的变化来操纵对车辆施行制动的装置,叫空气制动机。空气制动机是目前各国采用的最广泛的制动机。我国铁路机车车辆上全部采用空气制动机。目前铁路货车常用的空气制动机主要有 120 型空气制动机。

36. 简述 120 型空气制动机的组成。

答：120 型空气制动机主要由 120 型铁路货车控制阀、制动缸、副风缸、加速缓解风缸、空重车自动调整装置（包括传感阀、转换阀和降压气室）、球芯折角塞门、组合式集尘器、编织制动软管、制动管等零部件组成。

37. 简述 120-1 阀的结构及各部位的作用。

答：120-1 阀由中间体、主阀、半自动缓解阀和紧急阀等四部分组成（图 1-1-30）。

中间体：有四个垂直面，其中两个相邻的垂直面作为主阀和紧急阀安装座；另外两个作为管子连接座。中间体内还铸有两个空腔，分别为 1.5 L 的紧急室和 0.6 L 的局减室。

主阀：控制着充风、缓解、制动、保压等作用，是控制阀中最主要的部分。由作用部、减速部、局减阀、加速缓解阀和紧急二段阀等部分组成。

半自动缓解阀：手动排出制动缸的压力空气，使制动机缓解。也可以使整个制动系统的压力空气全部排出。

紧急阀：在紧急制动时加快列车管的排风（紧急局减作用），使紧急制动的作用可靠，提高紧急制动灵敏度，从而提高紧急制动波速。

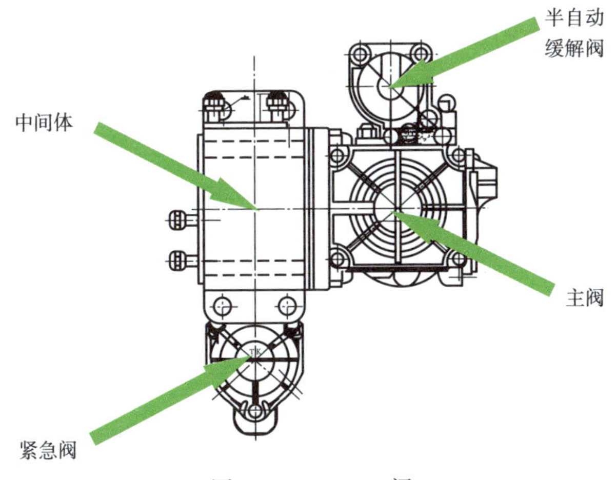

图 1-1-30　120-1 阀

38. 空重车自动调整装置有何作用?

答:空重车自动调整装置(图 1-1-31)可减少混编列车在制动时车辆之间的纵向冲击力,避免人为错调、漏调空重车手柄而造成重车制动力不足或空车制动力过大,因而可减少擦轮事故的发生,确保行车安全。

图 1-1-31　空重车自动调整装置

39. 缓解阀的作用与工作原理是什么?

答:当机车和车辆连挂在一起时,可以由司机操纵制动阀对列车进行制动或缓解。但是,当货物列车到达解体站后,机车摘下入段,而车列中的制动机仍处于制动状态。在这种情况下,就不可能用向制动主管充风的办法来使制动机缓解,而只能用降低副风缸的压力达到缓解目的。因此在货车的副风缸上都装有缓解阀。使用时,拉动缓解阀,使副风缸的压缩空气经缓解阀排出,副风缸内的空气压力低于列车主管的空气压力,三通阀主鞲鞴就动作,滑阀随其移动,使制动缸内的空气排出大气,闸瓦离开车轮而缓解(图 1-1-32)。

40. 折角塞门的安装位置和作用是什么?

答:折角塞门安装在车辆制动主管的两端,用以在摘挂车辆时关闭或开放压缩空气通路(图 1-1-33)。

图 1-1-32　拉动缓解阀

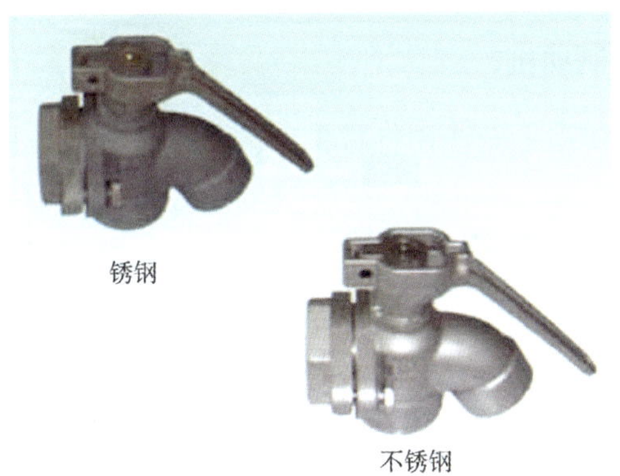

图 1-1-33　折角塞门

41. 截断塞门的安装位置和作用是什么?

答:截断塞门安装在车辆制动支管上,用以开通或遮断制动支管与制动缸的压缩空气通路。

42. 什么叫关门车?

答:关门车是指关闭制动支管的截断塞门的车辆,车辆能通风,但本身不起制动作用。手柄与制动支管处于垂直状态(图 1-1-34)。

图 1-1-34　关门车

43. 什么叫人力制动机?

答:用人力转动手轮或用杠杆拨动的方法使闸瓦压紧车轮踏面而达到制动的目的,叫人力制动机。这种制动机不受动力的限制,任何时候都可以使用,它作用简单,迄今仍广泛采用,与空气制动机同时并存着。但制动力较小,一般仅用以就地制动或在调车作业中使用。

44. 常见人力制动机的种类有哪些?

答:(1)链式手制动机:又分固定式(图 1-1-35)和折叠式两种。大多数铁路货车采用这种手制动机。

(2)旋转式手制动机:用在一部分旧型铁路货车上。

(3)棘轮式手制动机:只用在少数铁路货车上,如 B6 和 B6A 等。

(4)卧式手制动机:如 FSW、NSW(图 1-1-36)型手制动机。

(5)脚踏式制动机。

45. 脱轨自动制动装置的工作原理和主要结构?

答:脱轨制动装置采用机械作用方式,在车辆脱轨时能及时使列车主风管排风,使列车产生紧急制动作用,避免脱轨事故的扩大。

作用原理:脱轨制动装置利用脱轨时车体与轮对的相对位移,空车脱

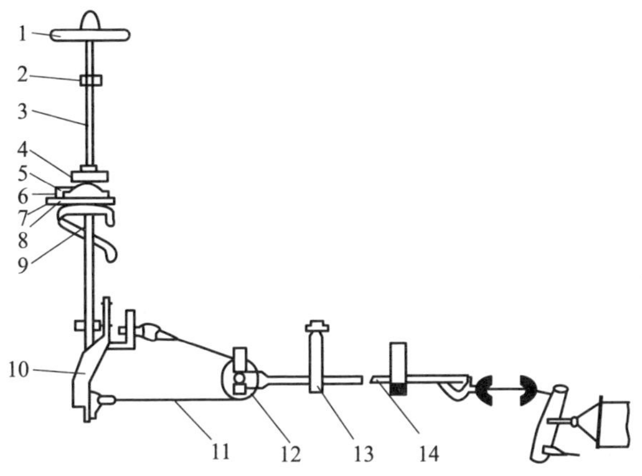

图 1-1-35　固定链条式制动机

1—手制动轮；2—手制动辅导架；3—手制动轴；4—棘轮；5—棘子锤；6—棘子；7—棘子托；8—踏板；9—手制动踏托板；10—手制动轴托；11—手制动轴链；12—链条滑轮；13—手制动拉杆托；14—手制动拉杆

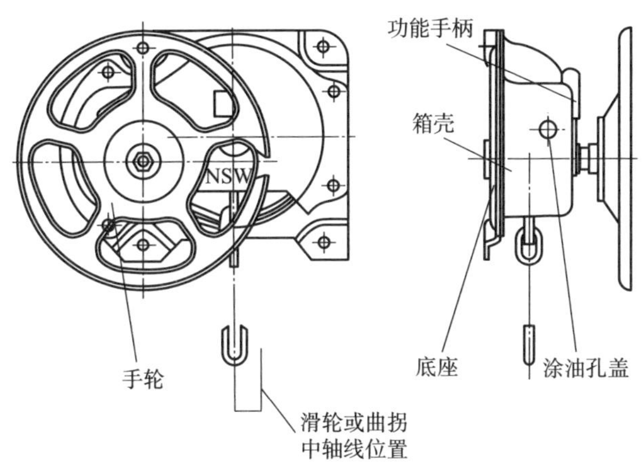

图 1-1-36　NSW 型手制动机

轨时，通过拉环拉断制动阀杆；重车脱轨时，通过顶梁顶断制动阀杆，沟通主风管与大气的通路，使列车发生紧急制动作用。

主要结构：脱轨自动制动装置是在车辆原有的空气制动系统主风管上增加一个支路。脱轨制动装置由脱轨自动制动阀、球阀和管路等组成（图 1-1-37）。

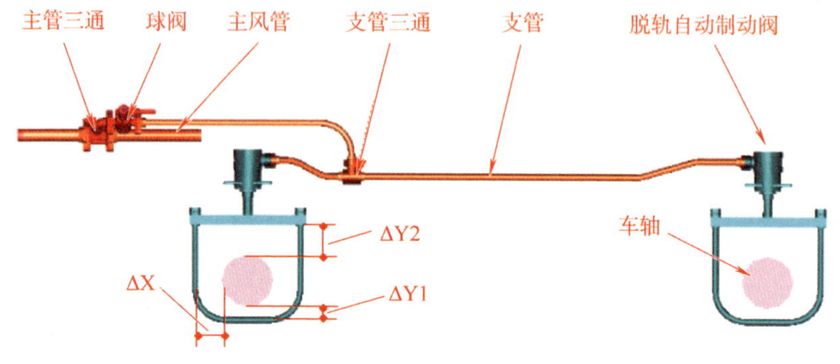

图 1-1-37　脱轨制动装置

46. 简述铁路货车闸瓦的种类？

答：铁路货车使用的闸瓦可分为：铸铁闸瓦和合成闸瓦。在铸铁闸瓦中又可分为灰铸铁闸瓦、中磷铸铁闸瓦和高磷铸铁闸瓦。在合成闸瓦中，按摩擦系数高低，可分为高摩合成闸瓦、低摩合成闸瓦及 120K 型高摩合成闸瓦。

47. 何谓低摩、高摩合成闸瓦？

答：合成闸瓦是由树脂、金属粉末（铸铁粉、铜粉、铝粉或铅锌等氧化物）、减摩剂及稳定剂等材料在热压下塑合而成（图 1-1-38）。按摩擦系数的大小，合成闸瓦分为低摩和高摩两种。低摩合成闸瓦的摩擦系数与铸铁闸瓦非常接近，可与之通用，而无须改变基础制动装置的结构。高摩合成闸瓦的摩擦系数约比铸铁闸瓦高 1 倍。采用高摩合成闸瓦时，可用较小的闸瓦压力获得同样的制动力，因此可选用尺寸较小的制动缸，并缩小简化基础制动装置各零部件的尺寸。为防止误装，高摩合成闸瓦及其闸瓦托的连接部位结构尺寸与铸铁闸瓦不同。

图 1-1-38　合成闸瓦

第二章　普速客车知识

1. 客车单管供风与双管供风的区别?

答:22 型、25B 型、早期的 25G 型等列车为单管供风客车,与机车连挂时只需要连接列车管即可。随着我国铁路机车车辆工业的发展,铁路客车的自动化程度越来越高。空气弹簧、气动塞拉门、厕所气动冲水、真空集便器等先进技术越来越多的在铁路客车上出现,导致客车用风量增加。因此,后期的 25G 型、以及 25K 型(包括双层车)、25T 型、25Z 型(包括双层车)等客车开始使用双管供风,以解决列车用风量增加的问题。在连挂上述列车时,需要连接列车管和第二软管。

2. 25T 型客车主要特点有哪些?

答:25T 型客车构造速度为 160 km/h,最高运行时速为 160 km/h。25T 型客车后来改为机车向客车供电,取消了空调发电车,改用密闭式塞拉门、折棚风挡,真空集便器。25T 型客车分为普通型及青藏高原型。青藏高原型 25T 型客车主要为青藏铁路运行而设计,车辆采用航空气密技术及供氧装置等。与普通 25T 型的蓝白两色车身涂装不同,青藏高原型 25T 为墨绿色车身配两道黄线的涂装。

3. 25 型客车主要系列有哪几种?

答:主要型号有 25A 型、25B 型、25C 型、25DT 型(含国产第一代 200 km/h 高速客车)、25G 型、25Z 型、25K 型、25T 型(图 1-2-1~图 1-2-5)。

图 1-2-1　25A 型

图 1-2-2　25B 型

图 1-2-3　25G 型

图 1-2-4　25DT 型

图 1-2-5　25T 型

4. 25G 型客车主要特点有哪些?

答:25G 型客车构造速度为 140 km/h,最大允许速度是 120 km/h,车顶设置集中单元式空调装置,并使用空调发电车集中供电。改进后的25G 型客车改用机车供电系统、密闭式塞拉门、内翻式车窗、密封式风挡等。

5. 25Z 型客车主要特点有哪些?

答:25Z 型客车主要用于中短途城际特快列车,25Z 型准高速客车的“Z”代表准高速(汉语拼音:ZhunGaoSu),构造速度为 160 km/h,最高试验速度达 183 km/h。25Z 型客车由于设计存在缺陷,在高速运行时稳定性和转向架抗蛇行能力欠佳，后来所有 25Z 型车厢标记速度改为140 km/h。

6. 什么是直供电车底，主要有哪些车型？

答：全列编组不需要挂发电车，由电力机车牵引，供电来源通过电力机车从接触网获得电能，再将获得的电能变压后传送到每节车辆中。目前使用的主要有 25G、25T 两种车型。

7. 客车车辆有哪些标记？各表示什么？

答：客车车辆应有明显的标记：路徽、车号（型号及号码）、制造厂名及日期标牌、定期修理的日期及所属局段的简称、自重、载重、容积、换长等，还应有车种、定员、最高运行速度标记；电气化区段运行的客车还应有"电气化区段严禁攀登"字样。

（1）路徽：凡铁路总公司所属铁路车辆，均涂打人民铁道路徽。

（2）车号：包括车辆型号及号码。其中型号由基本型号与辅助型号组成。基本型号代表车辆的种类，辅助型号代表车辆的构造型式。号码表示车辆的顺序号码。

（3）自重：空车状态时，车辆本身的全部重量，以 t 为单位。

（4）载重：车辆技术条件所允许的载重量，以 t 为单位。

（5）容积：行李车及邮政车可供装载的容量，以 m^3 表示。

（6）换长：车辆两端车钩在锁闭位置时钩舌内侧面间的换算长度。

（7）客车配属：客车必须配属到各车辆段负责保养，在车端涂以配属局、段略号。

（8）客车定员：标明客车的座位数或卧铺数。

（9）定期修理：标明客车车辆修程和期限。

8. 客车用的人力制动机主要有哪些类型？

答：客车人力制动机主要有三种：

（1）客车螺旋式人力制动机。

（2）客车螺杆式人力制动机。

（3）电空制动机、盘形制动装置、防滑器，用于高速客车。

9. 客车车种名称及基本型号有哪些?

答:客车车种名称及基本型号见表 1-2-1。

表 1-2-1

车种名称	基本型号	车种名称	基本型号	车种名称	基本型号
软座车	RZ	行李车	XL	医疗车	YL
硬座车	YZ	邮政车	UZ	卫生车	WS
软卧车	RW	餐车	CA	文教车	WJ
硬卧车	YW	发电车	KD	公务车	GW

10. 简述铁路客车转向架由哪些部分组成?

答:(1)摇枕:摇枕中间有下心盘,两旁铸有旁承座,它的两端支座在弹簧上,车体的重量和载荷通过下心盘经摇枕传给两侧的枕弹簧及侧架,并通过摇枕将两个侧架联系起来。

下心盘和装在车体枕梁下面的上心盘相对,车体重量集中由心盘传给摇枕。上下心盘之间可以相对转动,当车辆通过曲线时,可以减小曲线阻力。

下旁承装在摇枕两端的旁承座内。当车辆通过曲线时,向下倾斜一侧的上旁承和下旁承相接触,可以防止车体过分摇动和倾斜。

(2)侧架:侧架是安装弹簧减振装置、轴箱装置及制动装置的地方。

(3)弹簧减振装置:弹簧减振装置的作用是缓和或消减车辆运行所受到的冲击和振动,它由摇枕弹簧和减振器组成。

客车转向架构成如图 1-2-6 所示。

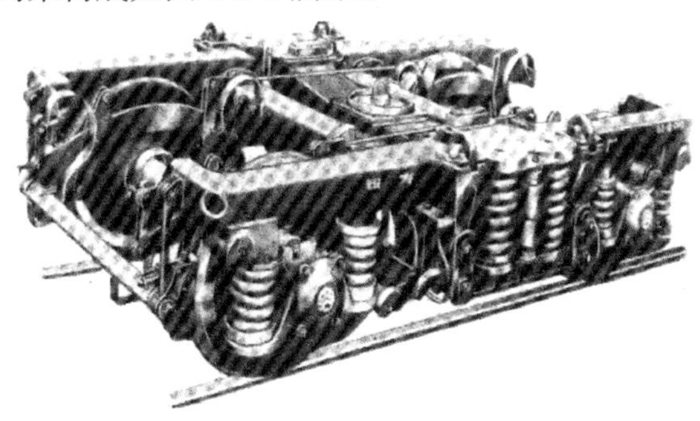

图 1-2-6　客车转向架

第三章　车辆5T设备、红外线等设备知识

1. 5T系统主要包括哪些内容?

答:THDS——车辆轴温智能探测系统,TADS——车辆滚动轴承故障轨边声学诊断系统,TPDS——车辆运行品质轨边动态监测系统,TFDS——货车故障轨边图像检测系统,TCDS——客车运行监测系统。

2. THDS主要功能及主要设备包括哪些?

答:THDS即车辆轴温智能探测系统是利用热辐射原理,重点探测通过车辆轴承运转热温度,对热轴车辆进行跟踪报警,重点防范热轴事故。

3. TADS主要功能及主要设备包括哪些?

答:TADS即车辆滚动轴承故障轨边声学诊断系统是运用声学技术及计算机,对货车滚动轴承运行噪声进行分析,对安全防范关口前移及早发现轴承早期故障。

4. TPDS主要功能及主要设备包括哪些?

答:TPDS即车辆运行品质轨边动态监测系统,是利用轨道测试平台,对车辆安全指标进行动态检测。主要是监测车轮踏面损伤,货物超载、偏载等安全隐患,实现货车运行安全质量互控。

5. TFDS主要功能及主要设备包括哪些?

答:TFDS即货车故障轨边图像检测系统,是利用高速摄像原理,对运行车辆配件等关键部位,实时抓拍,并运用计算机网络技术在列车进站前传送到机检室,由动态检车员进行动态检查,对分析出的安全隐患通知现场检车员妥善处理。

6. TCDS主要功能及主要设备包括哪些?

答:TCDS即客车运行监控系统,是通过车载系统对客车运行安全关键部位进行实时监测和诊断,通过无线、有线网络,将监测信息向地面传

输、汇总，形成实时的客车安全监控运行图，使各级车辆管理部门及时掌握客车运行安全状况。

7. 红外线测温原理是什么?

答:红外线辐射是自然界存在的一种最为广泛的电磁波辐射，温度在绝对零度(－273.15℃)以上的物体，都会因自身的分子运动而辐射出红外线。温度越高，分子和原子的运动愈剧烈，辐射的能量愈大，反之，辐射的能量愈小。红外测温仪的光学元件将被测物体表面发射的、反射的以及透过的能量汇聚到探测器上，电子元件将此信号转换成温度读数并显示在测温仪的显示面板上。

8. 红外线测温优点是什么?

答:非接触式测量，测量方便;轻型、精巧易于测量高温、危险或难于接触的表面;响应时间快，每秒可产生几个读数，而接触式每次测量需要几分钟。

9. 热轴预报标准分几个等级?

答:热轴预报标准分为微热、强热、激热三级，微热跟踪，强热通知车辆乘务员处理，激热立即停车。

第二篇　机 车 篇

第一章　电力机车知识

1. 什么是电力机车?

答:能源来源于外部电网、由电力驱动车轮的机车。电力机车因为所需电能由电气化铁路供电系统的接触网或第三轨供给,所以是一种非自带能源的机车。

2. 电力机车有哪些优点?

答:电力机车具有功率大、过载能力强、牵引力大、速度快、整备作业时间短、维修量小、运营费用低、便于实现多机牵引、能采用再生制动以及节约能源等优点。

3. 目前太原铁路局主要运用的电力机车有哪些?

答:目前太原铁路局主要运用的电力机车有 HXD_1、HXD_2、HXD_3、SS_4、8K、8G 六种(图 2-1-1～图 2-1-6)。

图 2-1-1　HXD_1 型机车

图 2-1-2　HXD_2 型机车

图 2-1-3　HXD_3 型机车

图 2-1-4　SS_4 型机车

图 2-1-5　8K 型机车

图 2-1-6　8G 型机车

第二章　电力机车电气系统

1. 什么是主电路？主电路中的电气设备包括哪些设备？

答：将产生机车牵引力和制动力的各种电气设备连成一个电系统，实现机车的功率传输称为主电路。主电路中包括的电气设备主要有受电弓、主断路器、主变压器（即牵引变压器）、整流调压线路、电抗器柜、牵引电动机和制动电阻等。

2. 什么是受电弓?

答:安装在电力机车或电力动车组的顶部,工作时弓头升起借滑板与接触导线接触,将电流引入机车或电动车辆的一种受电器。

3. 受电弓分为哪几种?

答:按其传动方式分为弹簧上升式和空气上升式;按照臂杆的形式分为单臂受电弓和双臂受电弓;按使用的速度分为高速受电弓和一般受电弓;按使用场合分为直流受电弓和交流受电弓等(图 2-2-1～图 2-2-4)。

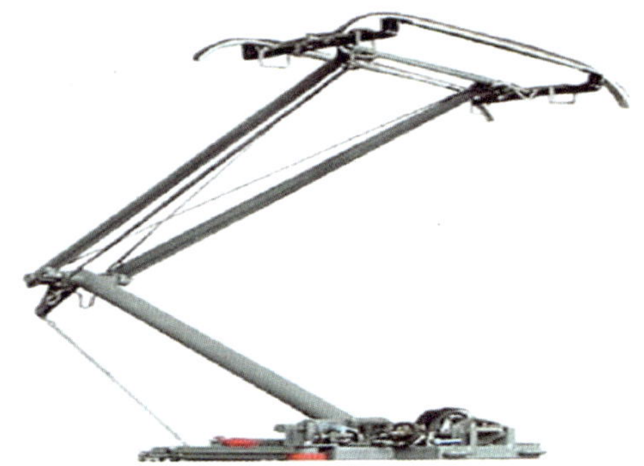

图 2-2-1　一般空气式受电弓

图 2-2-2　普速弹簧式受电弓

图 2-2-3　高速弹簧式受电弓

图 2-2-4　高速气动式受电弓

4. 什么是列车运行监控装置？主要包括哪些设备？

答：列车运行监控装置简称 LKJ，LKJ 是中国铁路列车运行控制系统体系的组成部分，是用于防止列车冒进信号、运行超速和辅助机车司机（含动车组司机）提高操纵能力的重要行车设备。LKJ 是机车、动车组设备的组成部分。LKJ 设备包括装设于机车、动车组上的主机、人机界面单元（显示器）以及与之配套的速度和压力传感器、信息输入、信息输出和连接设备等。

5. 什么是直供电机车？

答：就是机车给列车提供电能的电力机车，如 HXD_3 型机车，它接收的电能一部分用于牵引列车，另一部分向客车车厢输送 600 V 直流电，用来带动客车空调照明等使用。

第三章　电力机车制动系统

1. 什么是大闸？大闸的功能有哪些？

答：亦称自动制动阀。用以进行列车制动、缓解的装置，它将总风缸中的压缩空气送入列车管（或经给气阀将总风缸的高压空气调整为定压），或将列车管内的压缩空气排入大气，以进行列车的制动和缓解。

2. 什么是小闸？

答：机车单独制动阀（简称单阀），是空气制动机的重要部件之一，司机通过操纵它完成机车本身的制动和缓解。

3. 什么是分配阀？

答：机车车辆空气制动机中，用以控制压缩空气的分配，实现制动、缓解作用的主要部件。司机操纵自动制动阀将列车管内空气压力变化，经过分配阀的动作使制动缸产生作用。

4. 什么是电磁阀？

答：利用电磁吸引力转换压缩空气通路的三通阀，凡用压缩空气传动的电气装置，均可采用电磁阀实行遥控，由电磁机构和气阀两部分组成，电磁机构用以控制气阀，气阀则利用改变其阀杠的位置来接通或切断气路。

5. 什么是电空阀？

答：又称电风阀。通过电路的闭合、开断控制风路，对某些电器或机械实现远距离操纵的电器设备。由电磁系统和风阀装置两部分组成。

6. 什么是风表?

答:供机车乘务员或其他行车人员观测制动管内空气压力的仪表。风表有单针风表和双针风表两种。

第四章　电力机车车体

1. 什么是头灯?

答:亦称前照灯。装在机车前上方灯箱内、镜面成抛物线行的反射镜,能将光线反射成平行光线,向前方照射。

2. 什么是机车车架?

答:机车的骨干,安装动力装置、车体、弹簧装置的基础。为一矩形钢结构,由中梁、侧梁、横梁等主要部分组成。承受载荷量大,并传递牵引力使列车运行。车架上还装有车钩、缓冲器、制动装置和其他附属设备。

3. 什么是机车底架?

答:承受机车各种机械电器设备的金属构架,下部与机车转向架相连。

4. 什么是总风缸?

答:机车空气制动机的主要部件之一,用以储存各部分使用的压力空气。

5. 什么是操纵杆?

答:在司机驾驶室操纵机车运行的杆件。

6. 什么是机车重联渡板?

答:机车重联渡板是 8 轴重联机车 A 节到 B 节的一个通道,平时用于人们走行。虽然其物理属性是两片钢板，但在重载机车上，它还有检验机车质量的作用。重联渡板变形证明机车发生过激烈碰撞，可能导致缓冲器失效、车钩尾框变形、二系吸收元件裂损等机车故障，所以重联渡板的变形情况必须引起相关人员的高度重视。

重联渡板变形归纳为机车质量和非机车质量两个方面，机车质量即机车自身问题造成，非机车质量指司机对列车的整体操控造成。

第五章　内燃机车知识

1. 内燃机车以什么作为原动力?

答：内燃机（柴油机）。

2. 内燃机车按传动方式不同可分为哪几类?

答：电力传动、液力传动、机械传动。

3. 电力传动内燃机车的能量是如何传输的?

答：由柴油机驱动主发电机发电，然后向牵引电动机供电使其旋转，并通过牵引齿轮传动驱动机车轮对旋转。

4. 电力传动内燃机车根据电机型式不同，可分为哪几类?

答：直—直流电力传动、交—直流电力传动、交—直—交电力传动、交—交流电力传动。

5. 内燃机车由哪几部分组成?

答：柴油机、传动装置、走行部、车体、车底架、车钩缓冲装置、制动装置、辅助装置等部分组成。

6. 目前太原铁路局主要运用的内燃机车有哪些?

答：目前太原铁路局主要运用的内燃机车有 DF_4、DF_7、DF_{8B} 三种（图 2-5-1～图 2-5-3）。

图 2-5-1　DF_4 型机车

图 2-5-2　DF_7 型机车

图 2-5-3　DF_{8B} 型机车

第三篇　电 务 篇

第一章　电务知识

1. 什么叫联锁?

答:信号、道岔、进路之间相互制约的关系,称为联锁关系,简称联锁。

2. 什么叫车站联锁设备?

答:在车站为了控制道岔、进路和信号机,并实现其联锁关系的设备,叫做车站联锁设备(图 3-1-1)。

3. 我国铁路主要采用哪两种联锁设备?

答:联锁设备分为集中联锁(计算机联锁和继电联锁)和非集中联锁(色灯电锁器联锁和臂板电锁器联锁)。

4. 什么是轨道电路,其主要作用是什么?

答:轨道电路是利用钢轨作为导体,由钢轨绝缘等使电流在轨道的一定范围内流通而构成的电路。轨道电路用来监督线路上是否有车占用,以及线路是否完整。借助轨道电路可以监督线路占用情况,以及将列车运行与信号显示联系起来。

5. 什么是轨道电路区段,其划分原则是什么?

答:采用钢轨绝缘把两个轨道电路划分为两个互不干扰的独立的电路单元,每一个轨道电路单元称为轨道电路区段。划分原则为:

(1)信号机的内外方应划分为不同的区段,凡有信号机的地方,均装有轨道绝缘。

(2)凡是能平行运行的进路,其间应设钢轨绝缘把它们隔开,如渡线

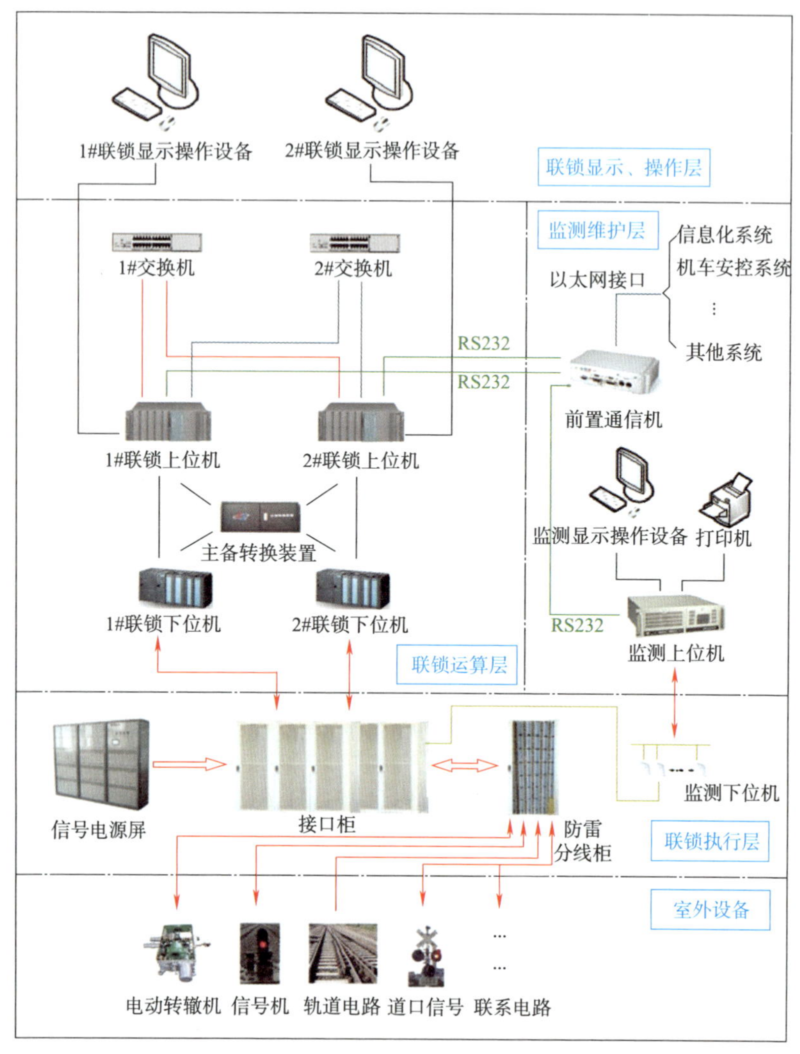

图 3-1-1　车站联锁设备

上的轨道绝缘。

(3)在一个轨道电路区段内,包括道岔的数目原则上不超过三组。因包括道岔过多,轨道电路不易调整。

(4)有时为了提高咽喉使用效率,把轨道电路区段适当划短,使道岔能及时解锁，迅速排列新的进路。

6. 什么是道床漏泄？

答：道床漏泄是指对轨道电路电压的影响，在使用过程中，轨道电路区段遇到强风沙、下雨、道床污染等因素，都可能导致道床漏泄电阻变小，从而使轨道继电器端电压变小，严重时轨道继电器会失磁落下，产生红光带。

7. 什么是轨道电路分路不良？

答：轨道电路分路不良是指轨道电路区段内，分路后轨道电路不能可靠工作（轨道继电器不能可靠落下），无法正确反映轨道电路区段（线路）占用的情况。

8. 造成轨道电路分路不良的原因？

答：钢轨表面锈蚀、其他原因使钢轨表面附着绝缘物质（机车撒沙等）、车辆轮对锈蚀、电气特性调整不当等。

9. 什么是三点检查？

答：解锁进路中的某个区段时，必须证实列车或车列曾经占用已完整出清本区段，还要检查列车占用过并出清前一区段，而且已经进入下一区段的一种技术要求。

10. 什么是轨道电路送电端、受电端及一送多受轨道电路？

答：轨道电路中，设置电源或发送设备的一端为送电端；轨道电路中，连接轨道继电器或接收设备的一端为受电端；一个轨道电路区段，装设一个送电端和两个或两个以上受电端的方法称为一送多受轨道电路。

11. 什么是分路、瞬时分路、瞬时分路不良？

答：分路是指用电阻值很小的导体（或车轮）将平行的两根轨条进行连接。瞬时分路是指只在极短的时间实现分路，然后分路即消失的现象。瞬时分路不良是指机车车辆在轨道区段运行过程中，轨道电路出现短时间失去分路的现象。

12. 什么是带动道岔?

答:排列进路时需要随之动作的非进路道岔。

13. 什么是防护道岔?

答:能够防止列车、调车车列由其他线路进入已被排好或占用线路的非本进路上的道岔。

14. 什么是侵限绝缘?

答:设于警冲标外方,或虽设于警冲标内方但距警冲标小于车辆最外轮对至本身边缘的最大距离(目前以 3.5 m 计),并用作轨道电路分界的钢轨绝缘。

15. 什么是锁闭、进路锁闭、接近锁闭(完全锁闭)、照查锁闭、区段锁闭、道岔锁闭?

答:锁闭是指为实现联锁关系而将机具限制于一定状态的技术措施。进路锁闭是指使被排进路上有关的道岔和敌对信号限制于规定位置的锁闭。接近锁闭(完全锁闭)是指所排进路的接近区段被占用以后,限制进路锁闭必须在列车、车列通过进路或经过一定手续方能解锁的锁闭。照查锁闭是指信号楼、车场或同一股道两端相互之间的锁闭。区段锁闭是指道岔区段被占用,该区段中有关道岔即不能转换的锁闭。道岔锁闭是指用机械或电气的方法使道岔不能转动。

16. 什么是解锁、进路解锁、进路一次解锁、进路分段解锁、人工解锁、进路人工解锁、道岔人工解锁、限时人工解锁、不限时人工解锁、自动限时解锁?

答:解锁是指解除锁闭。进路解锁是指解除进路锁闭。进路一次解锁是指列车或调车车列通过整条进路后,同时解除整个进路锁闭。进路分段解锁是指列车或调车车列每通过进路上的一个区段就解锁一个区段。人工解锁是指联锁设备在非正常情况下使用,而且必须实行规定的手续方能办理的一种解锁方法。进路人工解锁是指对已经锁闭的进路实行的人工解锁。道岔人工解锁是指对已经锁闭的道岔实行的人工解锁。限时人工解锁是指进路接近锁闭以后,使用人工的方法并经过一定时间方能解除锁闭。不限时人工解锁是指进路接近锁闭以后,使用人工方法就可以立即解除锁闭。自动限时解锁是指取消信号以后不需另办人工手续,根据列车是否接近或规定的其他条件决定是否经过一定时间解锁进路的方法。

17. 什么是转辙机,主要分哪几种?

答:转辙机是指转换、锁闭道岔尖轨并表示其位置状态的机械。主要分为电动转辙机、电空转辙机、液压转辙机三种。

18. 计算机联锁显示屏上对站场图形有哪些显示?

答:屏幕上的站场图形与信号平面布置图的站场图基本一致(图 3-1-2);绝缘节以白色端竖线(交叉渡线处的以短横线)表示,侵限绝缘以红圆圈中的红色竖线表示;经由道岔的线路以实线连接为当前开通方向;线路的显示颜色为轨道区段空闲且在解锁状态时呈青色,轨道区段空闲且在锁闭状态时呈白色,轨道区段有车或发生故障时呈红色。

19. 计算机联锁信号复示器是如何设置和显示的?

答:(1)信号复示器在站场图中的位置与信号布置平面图中的位置一致。

(2)列车信号复示器在信号机关闭时呈圆形红色;信号机开放时其圆形颜色与室外信号机显示一致;列车信号机红灯灯泡主副丝均断丝时,复示器闪红灯。

(3)调车信号复示器在信号关闭时呈蓝色,信号开放时呈白色,灯泡断丝时闪蓝色。

20. 计算机联锁显示屏上列车按钮是如何设置的?

答:(1)列车信号按钮:在每一架列车信号复示器的前方,紧靠复示器处,设置一个绿色列车信号按钮,也称作列车进路按钮。主要供进路排

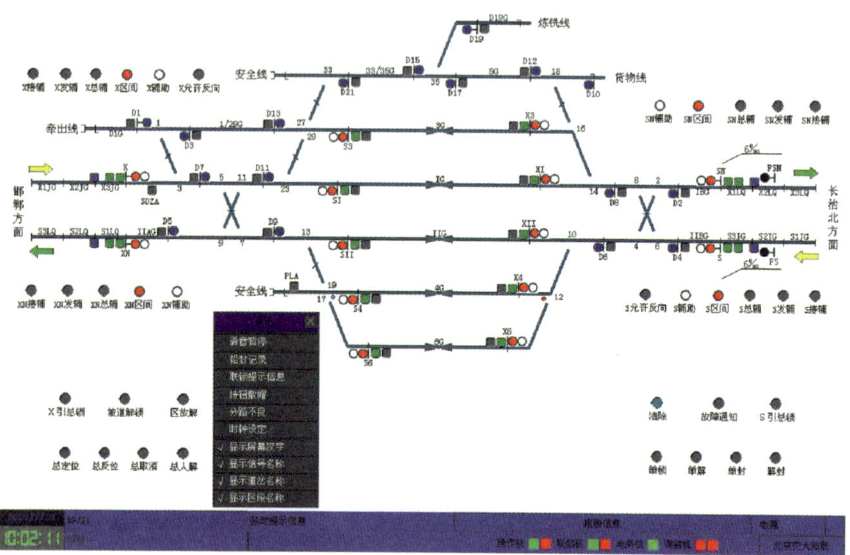

图 3-1-2　计算机联锁显示屏显示的站场图形

列、取消或重复开放信号使用。

(2)列车进路终端按钮:当列车进路终端未设反方向列车信号机时,则需专设一个绿色列车进路终端按钮。

(3)列车坡道延续进路终端按钮(简称坡道终端按钮):当接近车站的线路有大于 6‰连续长大(列车制动距离内)下坡道时,需要为接车进路设置延续进路时,它们可作为延续进路终端按钮使用;无信号按钮时(如安全线处),应专设一绿色列车坡道终端按钮,供办理延续进路时使用。

(4)列车变通进路按钮:当在进路的始端和终端之间有两条或两条以上的进路时,规定其中一条为基本进路,其他几条则为变通进路。为了排列变通进路的需要,在变通进路经由的线路处设置一个绿色列车变通按钮。若在列车变通进路上已设有调车信号按钮(单置、并置或差置),则该按钮可兼做列车变通进路按钮使用。

(5)列车通过按钮：为了简化操作，排列列车通过进路时，把正线直股列车进路和正线直股发车进路视为一条进路，只须按压一个通过进路的始端按钮和一个双线发车口处的列车终端按钮或单线进站口处的信号按钮即可。为此，在每一进站信号复示器的前方靠近信号按钮处，设一个绿色列车通过按钮。

(6)引导信号按钮：当进站信号(或接车进路信号)机因故不能开放或开放后又因故关闭时，可按引导方式接车。为了办理引导进路和开放引导信号，在每个接车信号复示器的前方设一个白色引导信号按钮。

21. 计算机联锁显示屏上调车按钮是如何设置的？

答：(1)调车信号按钮(也称调车进路按钮)：在每一架调车信号复示器的前方设置一个白色调车信号按钮。它既可作调车进路的始端按钮，又兼作调车进路的终端按钮或列车进路变通按钮或调车进路变通按钮，由按压按钮的顺序而定。

(2)调车进路终端按钮：当调车进路的终端处，未设置调车信号机(相应的也未设调车信号按钮)时，须在该处设置一个白色的调车进路终端按钮。

(3)调车变通进路按钮：当调车进路始端和终端两点间有两条或两条以上的调车进路时，规定其中只有一条为调车基本进路，其他皆为调车变通进路。为了排列调车变通进路，在变通进路必经的线路处需设变通按钮，若调车变通进路上设有反向单置调车信号机时，该信号机的信号按钮可兼作调车变通进路按钮。

(4)有的计算机联锁显示屏上不单独设置调车按钮，利用其信号机构对应的图标兼做调车按钮。

22. 计算机联锁显示屏上站场道岔处的各种显示表示什么？

答：(1)道岔的开口表示当前线路断开的一侧。

(2)道岔失去表示(含正在转换)时，线路断开。

(3)道岔挤岔时，线路挤岔的岔心闪红光，并有语音报警。

(4)道岔单封时，道岔岔心处出现蓝色圆点。

（5）道岔单锁时岔心处出现红色圆点。

23. 计算机联锁显示屏上道岔按钮的各种显示表示什么？

答：（1）道岔在定位时，按钮呈绿色。

（2）道岔在反位时，按钮呈黄色。

（3）道岔在转换时，按钮呈灰色。

（4）道岔挤岔时，按钮呈红色。

（5）道岔单封时，道岔按钮名呈蓝色。

（6）道岔单锁时道岔按钮呈红色。

24. 什么是计轴设备？

答：作为区间空闲与占用状态的检查设备，每个区间安装两套，分别设在两站进站信号机内方 2～3 m 处。计轴器通过设置在区间两端的计轴点，对驶入区间和驶离区间的列车轴数进行记录，并经过传输线路将各自的轴数传递到对方站进行校核。当两端所记录的轴数一致时，就认为列车完整到达，区间空闲。否则，表示占用。未办理闭塞时有车溜入区间，就自动断开闭塞电路，并发出声光报警。

25. 什么是信号集中监测系统？信号集中监测系统主要记录哪些内容？

答：信号集中监测系统是保证行车安全、加强信号设备结合部管理、监测信号设备状态、发现信号设备隐患、分析信号设备故障原因、辅助故障处理、指导现场维修、反映设备运用质量、提高电务部门维护水平和维护效率的重要行车设备。

信号集中监测系统将计算机联锁中的有关开关量（键操作情况、轨道光带状态、道岔位置、信号机状态等）、有关模拟量（轨道电压、道岔表示电压、各种电源电压以及道岔电流等）采集进来，建立原始数据库。

26. 什么是移频自动闭塞？

答：移频自动闭塞以钢轨作为通道，采用移频信号的形式传输低频控制信号，自动控制区间通过信号机的显示，以指示列车运行。ZPW2000 也属于移频自动闭塞。

第二章　TDCS 设备知识

1. 什么是列车调度指挥系统(TDCS)?

答:列车调度指挥系统(TDCS)是采用计算机网络技术、通信技术、多媒体技术、数据库技术与铁路信号技术相互融合,形成全路统一的网络信号系统,实现对铁路运输的集中监视和指挥。

其站场控制界面和运统报表显示界面如图 3-3-1 和图 3-3-2 所示。

2. TDCS 的主要功能有哪些?

答:TDCS 的主要功能应能实时自动采集列车运行及现场信号设备状态信息,并传送到铁路总公司调度指挥中心和铁路局调度所,完成列车运行实时追踪、无线车次号校核、自动报点、正晚点统计分析、交接车自动统计、列车实际运行图自动绘制、阶段计划人工和自动调整、调度命令及行车计划下达、站间透明、行车日志自动生成等功能,实现各级运输调度的集中管理、统一指挥和实时监督。

3. 什么是 TDCS 3.0 错办进路报警功能?

答:当车站处于 TDCS 模式下时,利用 TDCS 系统资源,通过对列车运行计划、列车跟踪状态、进路状态等信息的综合处理实现对车站值班员(信号员)进路办理的操作防护,具体包括接车股道、发车方向、接车进路办理时机、发车进路办理时机、接触网供电状态、分路不良区段等重点环节的逻辑检查,并产生报警及语音提示。

第三章　CTC 设备知识

1. CTC 设备有哪些功能?

答:CTC 除实现 TDCS 的全部功能外,还应实现列车编组信息管理、调车作业管理、综合维修管理、列车/调车进路人工和计划自动选排、分散自律控制等功能。

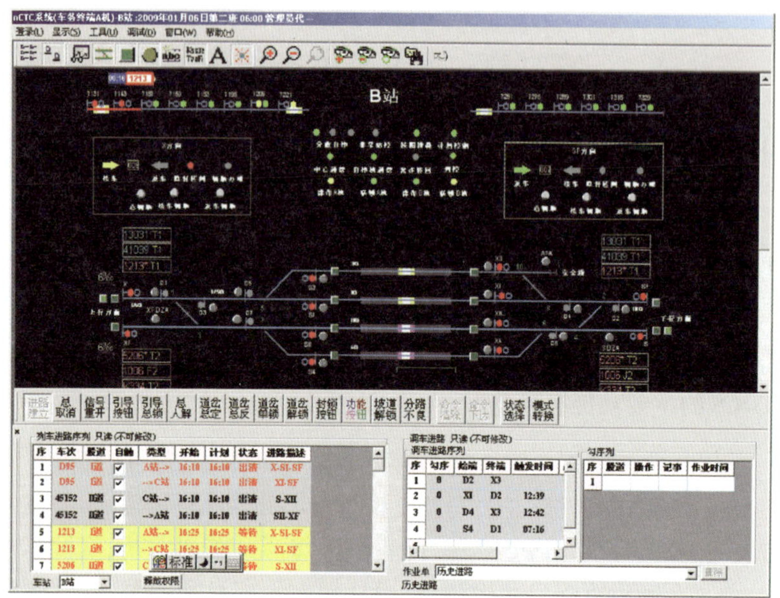

图 3-3-1　站场控制界面

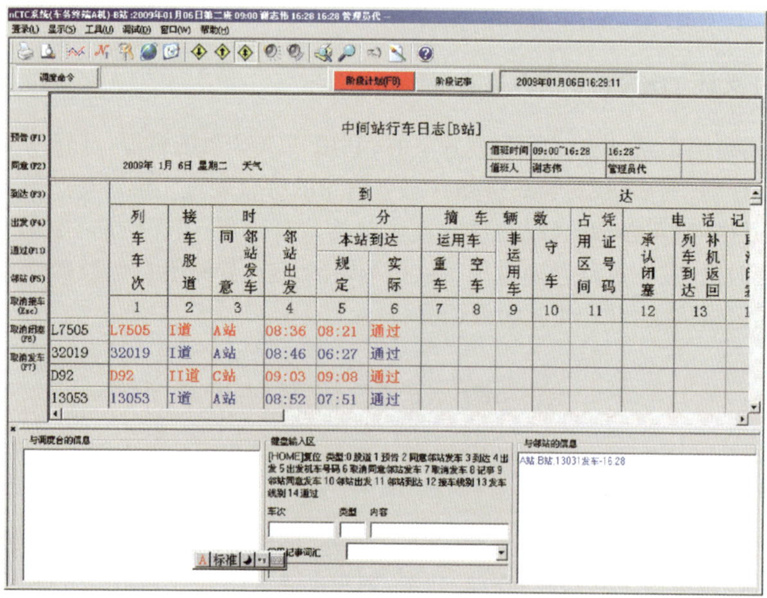

图 3-3-2　运统报表显示界面

2. CTC 设备有几种控制模式？分别表示什么含义？

答：CTC 应具备分散自律控制和非常站控两种模式。分散自律控制模式是通过调度集中设备，实现进路自动和人工办理的模式；非常站控模式是遇行车设备故障、施工、维修需要时，脱离调度集中系统控制转为车站联锁控制台人工办理的模式。

3. CTC 设备分散自律模式下有几种控制方式？各种操作方式下的操作权限是什么？

答：在分散自律控制模式下有中心操作方式、车站操作方式及车站调车操作方式（图 3-3-3）。

（1）在中心操作方式下，调度终端具有信号设备的全部控制权，列车调度员对列车及调车进路均有操作权，车站对列车及调车进路均无操作权。

（2）在车站调车操作方式下，列车调度员对列车进路有操作权，对调车进路无操作权。而车站对调车进路有操作权，对列车进路无操作权。

（3）在车站操作方式下，车务终端具有信号设备的全部控制权，车站对列车及调车进路均有操作权，列车调度员对列车及调车进路均无操作权。

（4）车站控制是指调度集中区段车站在车站操作方式或非常站控模式下，由车站值班员负责办理列车及调车进路的状态。

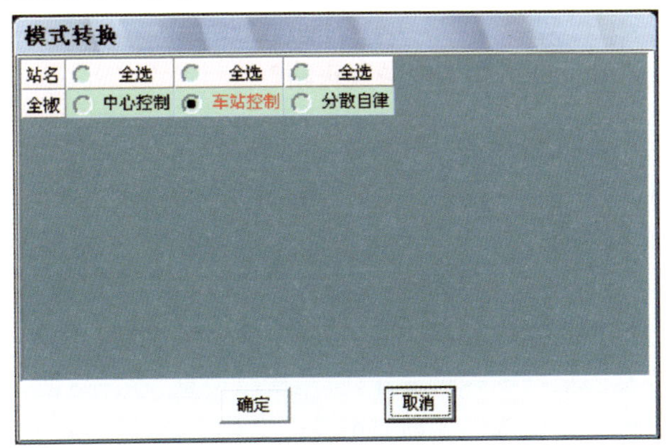

图 3-3-3　分散自律控制模式

4. CTC设备几种常用排列进路的方法?

答:CTC设备排列进路的方法有按图排列和手工排列两种(图3-3-4)。

按图排路:表示车站自律机根据列车运行计划和调车作业计划生成进路序列指令,如有自触标记则按自动触发执行。

手工排路:表示车站自律机只执行人工直接按钮操作,计划和进路序列失效。直接通过点击进路始终端按钮的方式来建立进路,与传统的计算机联锁操作或6502控制台操作类似。如果手工排列的进路能够通过联锁系统条件检查,则建立进路,否则无法建立该进路。

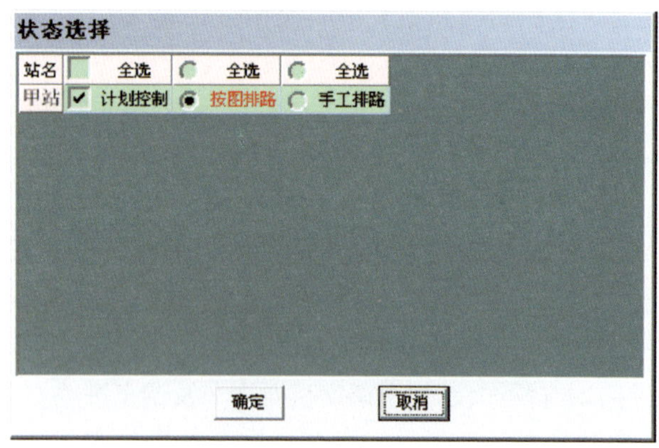

图3-3-4　排列进路

5. 什么是自动触发进路和人工触发进路?

答:自动触发进路是指CTC设备根据计划信息、车次号信息、本站站细规则、当前信号道岔设备状态、列车位置等一系列约束条件,在合适的接近区段,或指定的提前时间量到达时,自动按计划排列接发列车进路,不需要人工干预。人工触发进路是指人工从现有的进路序列中选择一条进路,开始进行排路操作,不再等待自动触发时系统规定的触发时机。人工触发时,依然要根据现有阶段计划、车次号信息、本站站细规则、当前信号设备状态、列车位置等一系列约束条件进行安全性检查,只是排列进路的时机由人工操作决定。

6. 调度集中各种表示灯的显示含义？CTC 设备如何进行模式转换？

答：分散自律调度集中的控制模式状态由三个模式表示灯表示（图 3-3-5）：

（1）非常站控表示灯：系统处在非常站控模式下，该表示灯点亮红灯；分散自律控制模式下该表示灯为灭灯状态。

（2）分散自律控制模式灯：系统处在分散自律控制模式下，该表示灯亮绿灯；非正常站控模式下，该表示灯为灭灯。

（3）允许转回分散自律控制模式灯，点亮为黄灯，反之为灭灯，自律机判断允许非常站控模式转入分散自律模式的两个条件是否满足后，决定该表示灯是否点亮。操作人员根据该表示灯的状态就可知道 CTC 是否可以转换控制模式。

模式转换的条件：一是分散自律模式转向非常站控模式：无条件转换，按下联锁控制界面的“非常站控”按钮并输入口令密码后方可转换；二是非常站控模式转向分散自律模式：有条件转换，在联锁控制界面上的“允许自律控制”表示灯亮黄灯时，按下“非常站控”按钮并输入口令密码后方可转换。

图 3-3-5 控制模式状态表示

第四章 通信知识

1. GSM-R 网络承载业务主要有哪些？

答：调度通信；机车同步控制信息传送；列尾装置信息传送；无线调度命令传送；无线车次号传送；调车机车信号和监控信息传送。

2. GSM-R 系统全称是什么？

答：全称铁路数字移动通信系统。

3. GSM-R 系统语音业务概况?

答:通过 GSM-R 网络设备,使 FAS(固定用户接入交换系统,调度台、车站台)、移动终端设备(CIR 机车综合通信设备、GSM-R 手持台、列尾设备)、电话用户等之间进行相互通话;其中主要应用的语音呼叫方式有点对点呼叫、组呼广播呼叫等功能。

4. GSM-R 系统 GPRS(分组数据业务)平台主要功能有哪些?

答:可以提供 CTC 无线车次号、列车停稳信息、调度命令、列车进路预告等铁路运输数据业务。

5. GSM-R 机车综合通信设备数据通讯主要应用于哪些方面?

答:无线调度命令传输、车次号传输、调车命令传输,还可与机车上的其他设备连接进行数据交换,满足不同发展需要。

6. GSM-R 手持终端如何呼叫铁路自动电话?

答:手持终端拨打铁路自动电话时拨“901+铁路长途区号+用户号码”。例:拨打太原地区铁路自动电话“92356”时,可拨“901 027 92356”。

7. 使用铁路自动电话如何呼叫 GSM-R 手持终端?

答:直拨 GSM-R 手持终端的 11 位号码或 11 位号码前加拨“0”。

8. GSM-R 手持终端如何呼叫 GSM-R 手持终端?

答:手持终端拨打手持终端时,可拨 11 位完整号码“149827XXXXX”或直拨后 8 位号码。

9. GSM-R 手持终端如何呼叫 GSM-R 车站 FAS 终端?

答:手持终端拨打调度所或车站 FAS 终端时,可拨 FAS 终端 8 位号码“727XXXXX”。

10. 《太原铁路局 GSM-R 网络终端使用规定》对使用功能号呼叫有何要求？

答：GSM-R 网络仅允许注册有功能号的手持终端进行车次功能号或机车功能号呼叫。目前允许对手持终端注册功能号的用户有调度员、车站外勤助理值班员、机车司机、列车长、乘警长、随车机械师等。

11. GSM-R 调度员、车站外勤助理值班员等注册功能号格式是什么？

答：调度员、车站外勤助理值班员等注册功能号格式为"91 ××××× FF"，其中，91 表示该功能号为调度身份用户功能号，××××× 为位置号 LN 的 5 位数字，FF 为 2 位数字功能码 FC，见表 3-4-1。

表 3-4-1

功能码(FC)	功能说明
01	列车调度员
02	列车助理调度员
05	车站(场)、编组场(分场)值班员(主信号楼)
06～09	车站(场)、编组场(分场)值班员(其他信号楼)
21～29	车站(场)1～9 外勤助理值班员
30	机车/动车调度员
37	救援列车主任
38	动车司机调度员
90	救援中心指挥员
91	应急救援指挥中心调度台
99	通信机房试验台

12. GSM-R 手持终端如何使用短号码呼叫？

答：短号码呼叫主要用于列车司机、列车长等移动用户呼叫当前所在调度区段的调度员、车站值班员等调度专用终端。列车调度台、车站值班台的短号码原则上统一使用 1200、1300 号码，因特殊地段 GSM-R 无线网规划困难，某一线路需使用其他短号码时，由路局进行公布。

13.《太原铁路局 GSM-R 网络终端使用规定》对调度员、车站外勤助理值班员等调度身份用户注册有何规定?

答:调度员、车站外勤助理值班员等调度身份用户应及时对手持终端注册功能号,否则将无法利用手持终端通过车次、机车功能号呼叫的方式呼叫机车。调度员、车站外勤助理值班员等手持终端的功能号应至少每24小时重新注册一次。

14.《太原铁路局 GSM-R 网络终端使用规定》哪些人员 SIM 卡必须具备功能号注册功能?

答:调度员、车站外勤助理值班员、机车司机、列车长、乘警长、随车机械师等。

15.《太原铁路局 GSM-R 网络终端使用规定》对不具备功能号注册功能的 SIM 卡确需利用车次、机车功能号呼叫机车时有何规定?

答:相关站段应及时向路局提出申请,经批准后按规定使用。

16.“299”紧急呼叫业务在什么情况下使用,由什么人员使用?

答:GSM-R“299”紧急呼叫业务是在发现危及行车安全等紧急情况下,用于机车司机、工务巡道人员、车站助理值班员等 GSM-R 移动用户与列车调度员、车站值班员之间进行紧急通话的一种通信方式。紧急呼叫发起后,将强制发起者所在地相邻 3～5 个基站覆盖范围内的机车司机、工务巡道人员、相应车站助理值班员等移动用户接入紧急呼叫,并强制发起者所在地相应车站值班员及调度员等 FAS 用户接入,同时中断上述用户的当前通话,使所有相关用户处于紧急呼叫状态下无法挂断。

17.“299”紧急呼叫的发起方式是什么?

答:作业人员除通过 GSM-R 作业手持终端菜单发起外,还可通过按压 GSM-R 作业手持终端上的“紧急呼叫”按键发起。

18. 如何进行“299”紧急呼叫的拆除?

答:正常情况下,由且仅由紧急呼叫的发起者主动释放,须挂断呼叫;若遇恶意发起或误操作发起的紧急呼叫,在发起者不进行主动释放的情况下,经列车调度员确认无通话内容或通话内容无关行车安全事项的,由列车调度员通知通信部门,通信部门确认列车调度员身份、紧急组呼实际存在情况等无误后进行强制拆除。(紧急组呼拆除通信联系电话:027-21556、22556)

19. 列车无线调度通信设备在列车行车的哪些方面具有重要的作用?

答:列车无线调度通信设备是重要的铁路行车通信设备,是列车运行的行车安全装备之一,在保证列车正点运行、降低机车能耗、提高通过能力、通告险情、防止事故、救援抢险等各方面都具有重要的作用。

20. FAS 台(中软 CCT4000)触摸屏调度台有哪几部分构成?

答:触摸屏调度台由触摸屏显示器、调度台主机、通话装置三部分组成。

21. FAS 台(中软 CCT4000)触摸屏界面各区域划分及功能有哪些?

答:提供调度指挥人员使用的操作和显示界面;代替鼠标或键盘实现用户的各种指令输入。触摸屏须保障触摸屏调度台的可靠性和稳定性,可根据用户需求选用不同尺寸的显示器,一般采用 17 英寸。操作界面如图 3-4-1 所示。

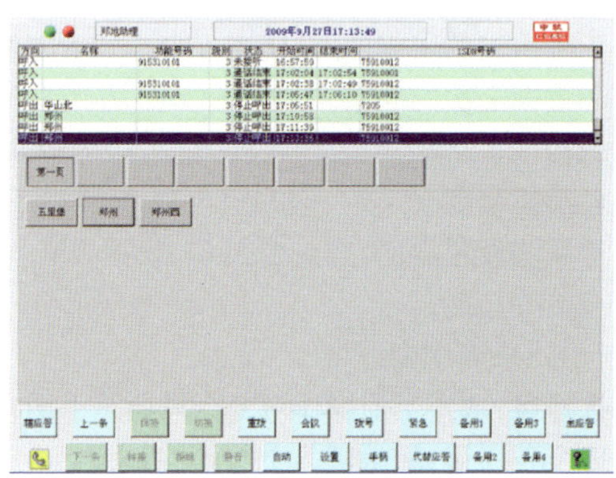

图 3-4-1　操作界面

各区域及功能显示如下：

(1)消息显示区

显示各种呼叫状态和信息。可显示呼叫方向、中文名称、功能号码、优先级、呼叫状态、通话时开始、结束时间、ISDN 号码等信息。

(2)呼叫键区

单呼、组呼按键区。包含若干个单呼按键、组呼按键、语音广播按键，各个按键用于完成相应的呼叫，按键颜色的变化指示相应的呼叫状态。具有翻页功能。

(3)功能键区

功能键区包含上一条键、下一条键、主应答/主挂机键、辅应答/辅挂机键、保持键、转接键、切换键、拒绝键、自动键、静音键、会议键、重拨键、拨号盘键、设置键、紧急键、麦克/手柄选择键、备用键等等功能键组成。

上一条:选择上一条通话记录。

下一条:选择下一条通话记录。

主应答/主挂机键:接听或挂断主通道(麦克、音响)呼叫。

辅应答/辅挂机键:接听或挂断辅通道(手柄)呼叫。

保持键:保持当前呼叫。

转接键:转接当前通话到第三方。

切换键:用于主辅通道切换。

拒绝键:拒绝当前呼入。

自动键:自动应答选择。

静音键:用于将本方的麦克屏蔽，使对方听不到本方的声音。

重拨键:自动重拨上次的呼出。

会议键:组织会议。

拨号盘键:显示拨号盘。

设置键:显示系统设置界面，实现音量调节、振铃音设置、按键设置、呼叫限制、屏幕调节等功能。

紧急键:进行 GSM-R 紧急呼叫。

麦克/手柄选择键:选择当前操作对麦克风还是手柄有效。

备用键:共四个备用键，如果呼入的号码在调度台上没有对应按键，在四个备用键中选择一个空闲备用键显示对方号码，并可使用该键应答。

22. 佳讯飞鸿Ⅱ型 FAS 台操作台主界面操作台主窗口主要分为哪几个区域,各有哪些主要功能?

答:主窗口主要分为三个区域,包括呼叫显示区、按键呼叫区和功能键区(图 3-4-2)。

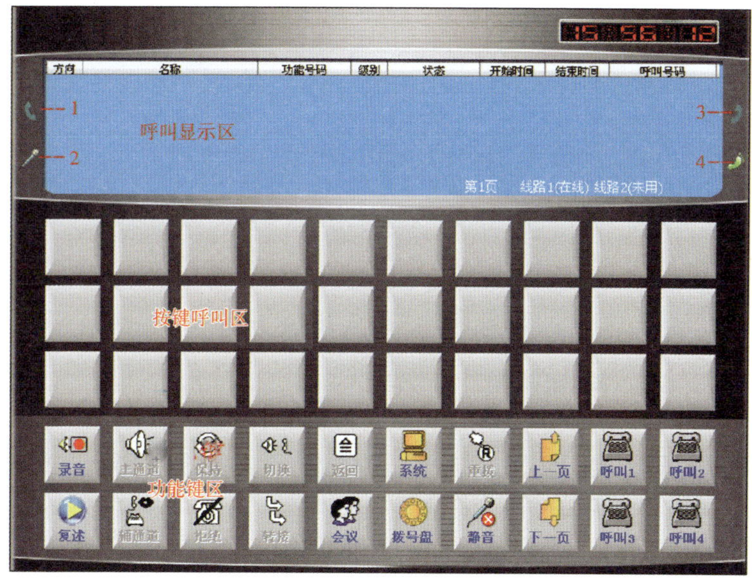

图 3-4-2 主窗口

(1)呼叫显示区:显示操作台呼入、呼出对象的状态信息。可显示呼叫方向、对方名称、功能号码、呼叫级别、通话状态、开始及结束时间、对方号码等信息。

(2)按键呼叫区:可根据使用情况定义成单呼键、导航键、组呼、通播和广播。

(3)功能键区:用来完成呼叫保持、转接、会议等功能。

23. 佳讯飞鸿Ⅱ型 FAS 台如何使用拨号盘发起呼叫?

答:通过拨号方式发起呼叫。通过输入车次号、机车号或 ISDN 号码呼叫与调度业务有关的用户。如图 3-4-3 所示。

图 3-4-3　拨号盘

(1)可以选择机车的型号和号码。

(2)选择字母和数字的组合。

(3)输入数字号码,点"呼叫"按钮呼出。(这里的数字号码必须是按键上有的或者是系统呼出允许表里有的)

(4)对于面板上没有显示的字母,可以通过通信维护人员配置按钮来增加。

当使用拨号盘来呼叫时,建议用鼠标来操作。当用触摸方式操作而又发现输入号码太过灵敏时(如触摸数字 0,却出来 2 个 0),可以请维护人员来修正触摸键的反应速度。

24. 佳讯飞鸿Ⅱ型 FAS 台应急分机如何使用?

答:车站用一部可以拨号的电话作为值班台的备用机,简称"应急分机",在值班台故障时呼入可以自动转接到该话机,而车站值班员也可以依据 FAS 用户号码表通过拨号呼叫调度、临站和站内 FAS 电话。使用时,与普通电话使用方法一样,摘机后根据电话号码表呼叫需要呼叫的用户。

25. 键控式操作台由哪些功能区组成?

答:由呼叫键区、拨号键区、功能键区、液晶显示屏、指示灯、手柄和麦克等部分构成(图 3-4-4)。呼叫键区通过数据定义可设置为各种功能键。拨号键区用于系统出局拨号使用。显示屏显示从维护台或外接时钟提取的时间。

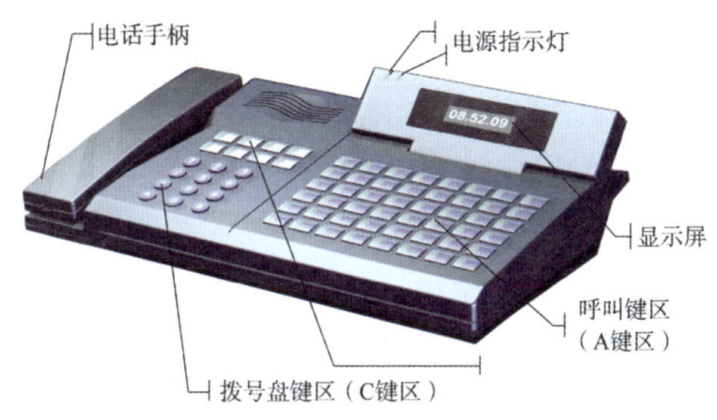

图 3-4-4　键控式操作台

其中 A 键区为呼叫键区,B 键区为功能键区,C 键区为拨号盘键区。A 键区和 B 键区的按键与 C 键区的按键不同,其上有状态指示灯,使用时显示该键的工作状态。

26. 键控式操作台各按键指示灯的含义分别是什么?

答:绿灯闪烁:主通道呼出;红灯闪烁:辅通道呼出;红绿交替闪烁并响铃:外线正在呼入;绿灯长亮:主通道正在通话;红灯长亮:辅通道正在通话。

显示屏左上方有两个绿色指示灯:一个是运行状态指示灯,正常时闪烁;一个是电源指示灯,加电时长亮。

27. FAS 终端如何呼叫机车 CIR?

答:主要有三种呼叫方式:

(1)通过 CIR 的 11 位号码呼叫

点击拨号盘,输入 CIR 的 11 位号码,点击呼叫键。

(2)机车功能号呼叫

点击拨号盘,选择机车类型,输入机车号,点击本务司机,点击呼叫键。机车需区分A、B端(动车组为0、1端)时,应在机车号后增加1位数字表示,A端为0,B端为1。例:呼叫动车组CRH5 055A的0端本务司机CIR设备时,选择机车类型后在输入机车号时应输入550。

(3)车次功能号呼叫

点击拨号盘,输入车次号,点击本务司机,点击呼叫键。

28. F AS终端如何呼叫FAS终端?

答:利用FAS终端显示屏上各车站快捷按键或直拨FAS终端8位号码进行呼叫。

29. 如何使用机车CIR呼叫FAS终端?

答:呼叫方式有三种:

(1)利用CIR的"调度""前站""后站"按键功能,可直接呼叫相应FAS终端。

(2)通过拨打FAS终端号码方式呼叫,呼叫方法同手持终端。

(3)通过拨打短号码方式呼叫,呼叫方法同手持终端。

30. TF2000多通道记录仪面板(图3-4-5)布局及LED指示各表示什么,有何作用?

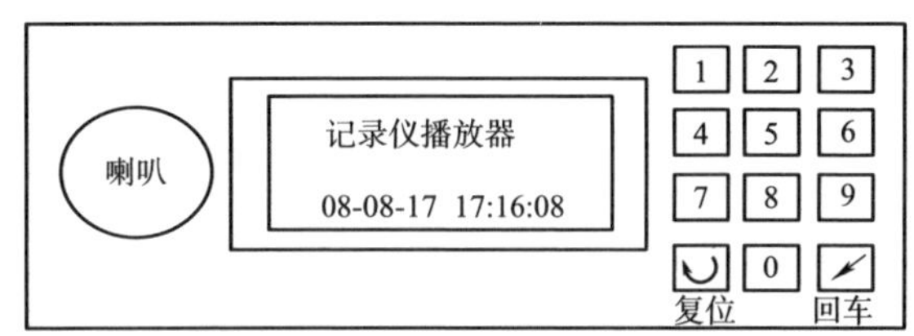

图3-4-5　TF2000多通道记录仪面板

答:

功能键:

键1背光灯开/关键

键4<和6>左/右键:设置参数时可以移动光标

键 2∧和 8∨上/下键：设置参数时可以修改数值，

2∧增大数值，8∨减小数值

键↻复位键

键↙回车键：设置参数时用它确认

没有设置密码的录音仪如何进入查询？

按键 5，进入录音条目，再按 5 进入设定时间通道查询

此时界面及含义如下：

界面：按月日时分通道查找

时间和通道	03-07	00:00	P00
含义	月-日	时:分	通道

31. TF2000 多通道记录仪如何进行音量调整？

答：在播放某条话音时按“0”键可以进行音量调整。

32. TF2000 多通道记录仪文件浏览状态面板显示信息表示什么？

答：当液晶页面显示 3 个连续的通话文件的主要内容（含通话类型和电话号码）时。对当前指向的文件（箭头指向的中间行）条目还在顶行相继列出文件条目序号、通道号、月日时分、通话长度（秒）等更细节内容（图 3-4-6）。

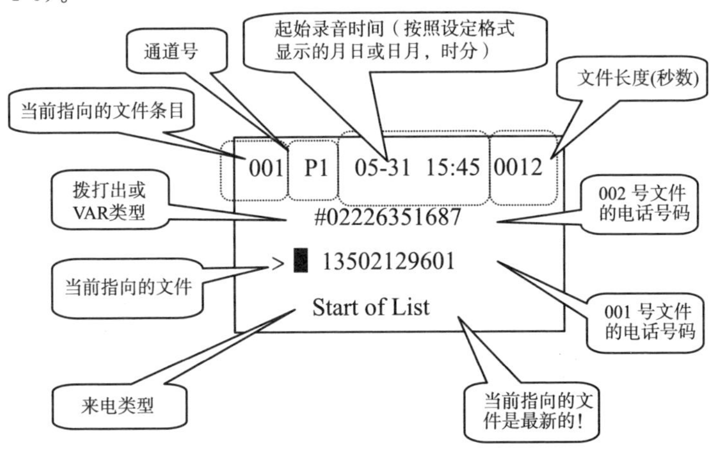

图 3-4-6 文件浏览状态面板显示信息

如果记录仪内没有文件则显示“No recordings”。

使用上下键(2)/(8)进行前后翻页(3 个条目),使用左右键(4)/(6)进行前后翻条。

33. 路局无线电管理办法中无线电频率包含哪些内容?

答:包括铁路专用频率和非铁路专用频率。其中铁路专用频率(以下简称专用频率)是指国家无线电管理机构指配给中国铁路总公司(以下简称总公司)在全国范围内使用的频率,非铁路专用频率(以下简称非专用频率)是指地方无线电管理机构指配给路局在一定区域内使用的频率。

34. 路局无线电管理办法中无线电台(站)主要是哪些?

答:本办法所称无线电台(站)包括机车、车辆制式电台和地面、手持无线电台,其中机车、车辆制式电台是指按照国家及总公司相关规范,安装在机车、车辆上面使用的电台。

35. 路局无线电管理办法中对购置、使用无线电台(站)有什么要求?

答:各购置、使用无线电台(站)的单位,都必须保证无线电设备主要技术指标符合国家和总公司有关标准,并接受各级无线电管理机构的监督、检查和对无线电设备的技术检测。

36. 机车综合无线通信设备(CIR)主要由哪些设备组成?

答:机车综合无线通信设备(CIR)由主机、操作显示终端(简称“MMI”)、送受话器、扬声器、打印终端、天线及连接电缆等组成,如图 3-4-7 所示。

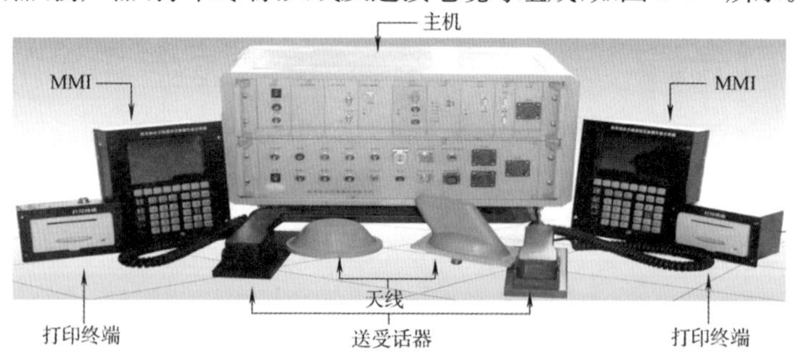

图 3-4-7　CIR 设备系统

37. CIR 操作终端主要由哪些构成?

答:CIR 操作终端(MMI)主要由控制板和按键等组成,根据不同的安装需求,MMI 分为横向式和竖立式两种外型结构,图 3-4-8 为竖立式结构。

图 3-4-8　竖立式 CIR 操作终端

38. CIR 操作终端按键分为哪几种?

答:CIR 操作终端(MMI)分为可配置式按键、数字字母输入按键、功能按键和列尾按键(图 3-4-9)。

图 3-4-9　CIR 操作终端按键

39. CIR 操作终端主界面有哪些功能区域？

答：MMI 在守候状态下的主界面，从上到下依次分为：基本信息显示区，列尾状态显示区，安全预警显示区，工作模式及运行线路显示区，调度通信状态显示区和功能按键显示区，一共六个区域，如图 3-4-10 所示。

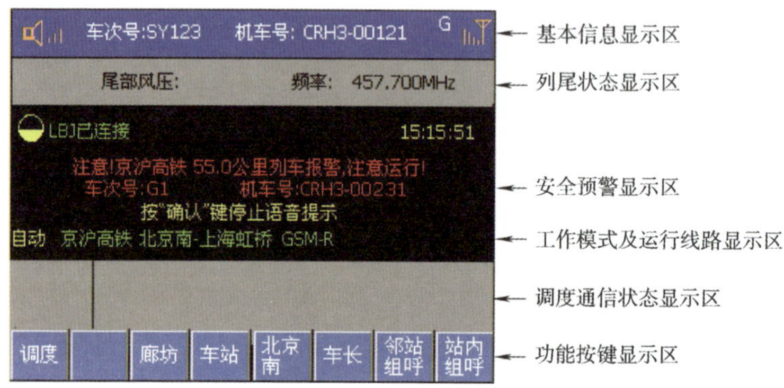

图 3-4-10 MMI 主界面

40. CIR 具备哪些工作模式自动选择功能？

答：(1)CIR 将根据位置信息自动在 450 MHz 和 GSM-R 两种工作模式间切换，在 450 MHz 模式下可自动转换工作制式和频点。(2)在 GSM-R 模式下 CIR 自动变换功能按键显示区的车站名称。在自动模式下卫星定位信息失效时，主界面工作模式及运行线路显示区“自动”两字红色闪烁。

41. 在 GSM-R 模式下如何在 CIR 上进行车次号注册？

答：在 GSM-R 模式下：

(1)在主界面下按设置 MMI 键，进入设置界面。

(2)将光标移动至“1、车次功能号注册”并按确认/签收键，如下图所示。

(3)根据 MMI 屏幕下方的提示，手动输入车次号后按确认/签收键，从随后弹出的选择机车牵引任务状态界面上选择“本务机”或“补机”，如图所示。

(4)再次按下确认/签收键后，CIR 即向 GSM-R 网络注册车次功能号，如图 3-4-11～图 3-4-13 所示。

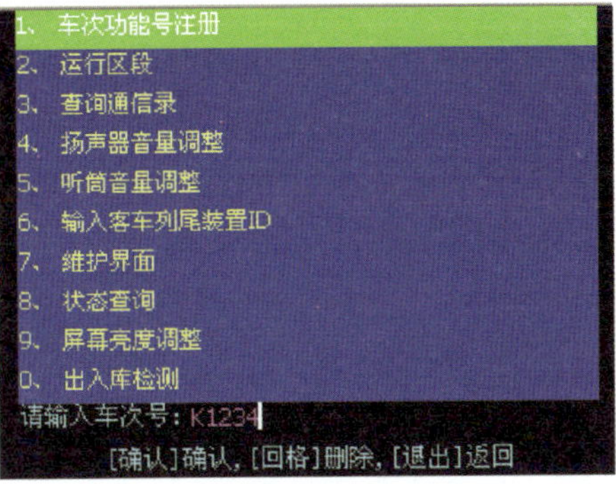

图 3-4-11　输入车次号

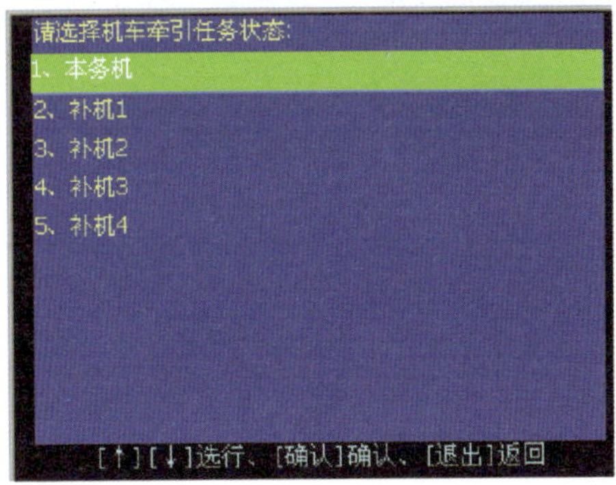

图 3-4-12　选择机车牵引任务状态

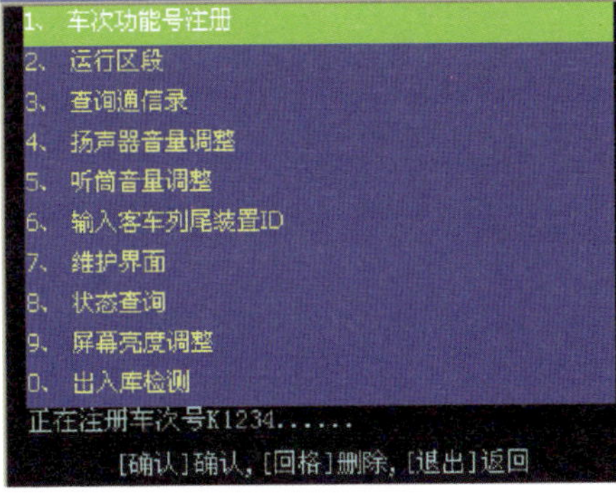

图 3-4-13　注册车次号

42. 在 GSM-R 模式下如何使用 CIR 与列车调度员、车站值班员、车辆乘务员通话?

答:GSM-R 通话主要包括司机呼叫/接听调度员、车站值班员、车辆乘务员的通话,发起/接听邻站组呼、站内组呼、紧急呼叫。

1. 与调度员通话

(1)在主界面下按调度键呼叫当前区段列车调度员,通话过程中需要按 PTT 讲话,如图 3-4-14 所示。

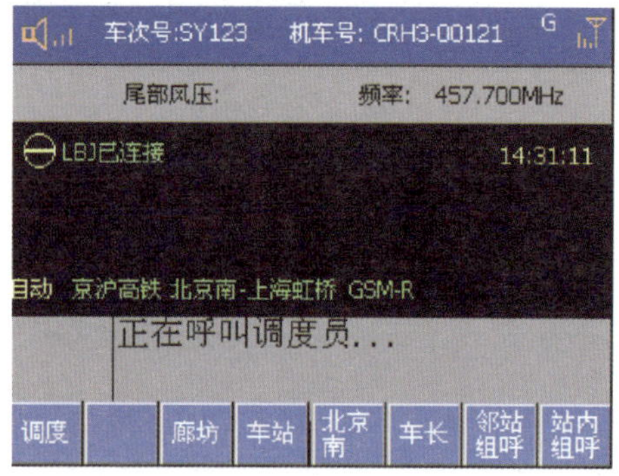

图 3-4-14　CIR 呼叫调度员

(2)有调度员呼入时,在 MMI 显示屏上显示呼叫方信息并伴有振铃提示(振铃声),此时司机摘机即可进行通话,如图 3-4-15 所示。

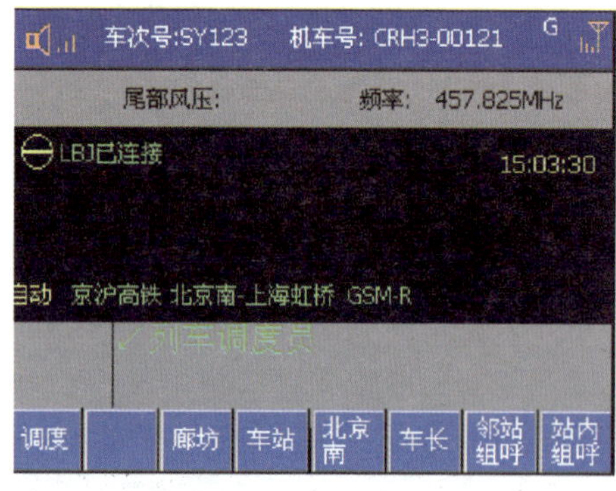

图 3-4-15　与调度员通话

2. 与车站值班员通话

(1)司机根据功能按键显示区显示的站名按下相应的按键,可以呼叫车站值班员,如图 3-4-16 所示,通话过程中需要按 PTT 讲话。

(2)有车站值班员呼入时,在 MMI 显示屏上显示呼叫方信息并伴有振铃提示(振铃声),此时司机摘机即可进行通话。

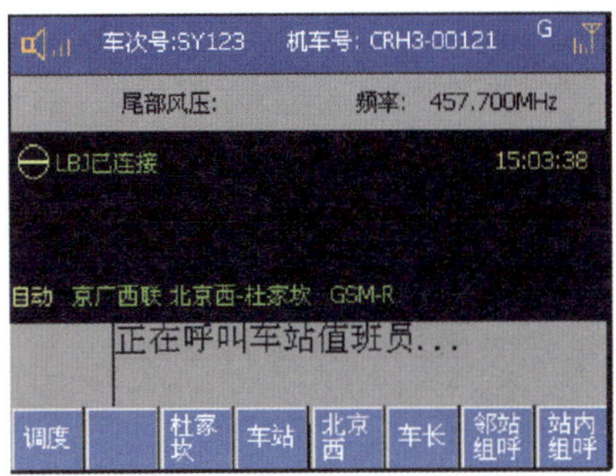

图 3-4-16 CIR 呼叫车站值班员

3. 与本车车辆乘务员通话

(1)在主界面下按车长键,可以呼叫本车辆乘务员,如图 3-4-17 所示,通话过程中需要按 PTT 讲话。

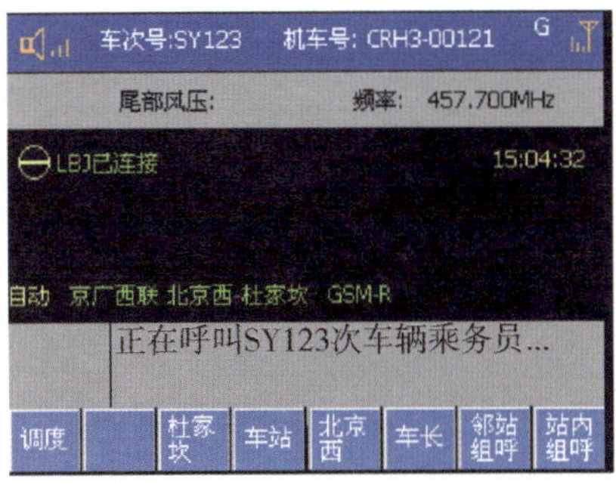

图 3-4-17 CIR 呼叫运车辆乘务员

说明:

a. CIR 已获取车次号时,车长键有效,显示为蓝底白字;

b. CIR 未获取车次号时,车长键无效,显示为蓝底灰字。

(2)有车辆乘务员呼入时,在 MMI 显示屏上显示呼叫方信息并伴有振铃提示(振铃声),此时司机摘机即可进行通话。

43. CIR 调度命令显示界面由哪些区域组成？

答：CIR 调度命令显示界面如图 3-4-18 所示。

MMI 调度命令显示界面分调度命令信息显示区、调度命令正文内容显示区。

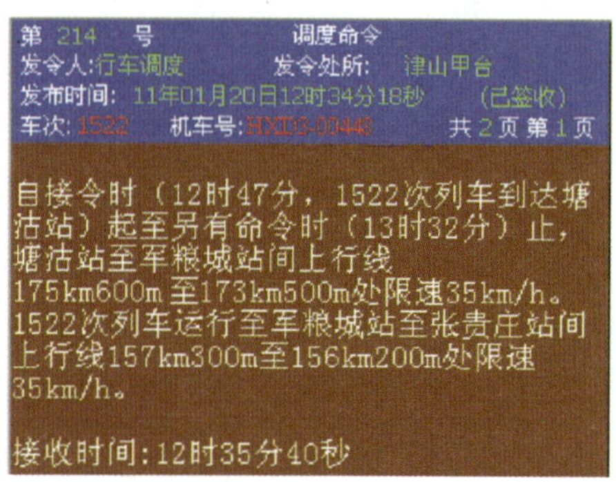

图 3-4-18 调度命令显示界面

调度命令信息显示区：此区域显示凭证名称、调度命令编号、发令处所、调度命令发布时间、车次号和机车号、调度命令签收状态等信息。

正文内容显示区：此区域显示调度命令正文内容、接收时间、接收地点、签收时间、签收地点等信息。CIR 连续 10 s 未能获取 TAX 装置（或 DMS 设备）的公里标信息时，接收地点或签收地点信息显示“----”。

44. 在 CIR 调度命令显示界面上能显示哪些内容？

答：调度命令信息包含调度命令、行车凭证、列车进路预告等信息。其中，列车进路预告是应用最多的一种调度命令信息，该信息由 CTC 自动向辖区内的运行列车发送。

45. 在 CIR 上，如何进行 450 MHz 手动查询列尾风压？

答：(1)按下［风压查询］键，可以主动查询当前列尾风压数据。(2)查询后 MMI 显示尾部风压数值，并发出“XXXX 机车，风压 XXX”语音提示，如图 3-4-19 所示。

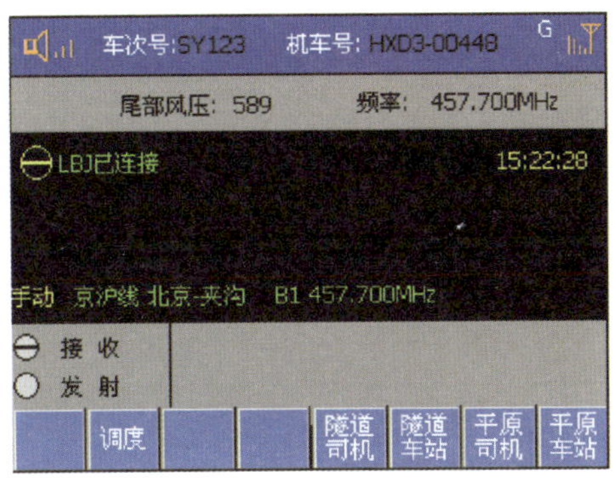

图 3-4-19 风压显示界面

46. 在 CIR 上,450 MHz 列尾风压报警显示什么?

答:(1)CIR 收到货列尾装置发送的风压报警信号时,MMI 显示区的风压值变成红色字样(图 3-4-20)并发出“XXXX 机车注意,风压 XXX”语音提示。(2)当风压值恢复正常或司机按下[列尾确认]键后,MMI 停止语音提示。

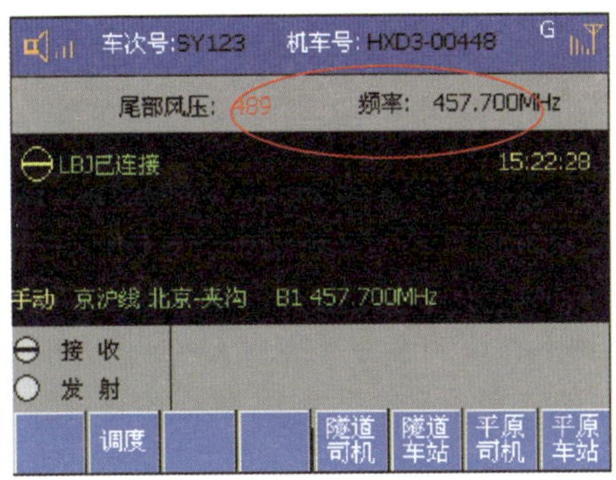

图 3-4-20 风压报警界面

第四篇　工 务 篇

第一章　设备知识

1. 铁路线路由哪些组成?

答:铁路线路由轨道、路基和桥隧建筑物(桥梁、隧道和涵洞)等组成。

2. 我国铁路线路分为哪几个等级?

答:我国铁路共分为四个等级,即Ⅰ级(在铁路网中起骨干作用,年客货运量≥20 Mt),Ⅱ级(在铁路网中起联络、辅助作用,年客货运量<20 Mt但≥10 Mt),Ⅲ级(为某一地区或企业服务,年客货运量<10 Mt但≥5 Mt),Ⅳ级(为某一地区或企业服务,年客货运量<5 Mt)。

3. 轨道起什么作用? 由哪几部分组成?

答:轨道直接承受由车轮传来的巨大压力,并把它传递给路基或桥隧建筑物,起着机车车辆运行的导向作用。轨道由钢轨、轨枕、联结零件、道床、防爬设备和道岔等主要部件组成。

4. 股道全长是指什么?

答:股道全长是指股道的实际长度,即从股道一端的道岔的基本轨接头至另一端的道岔基本轨接头沿线线路中心的长度(尽头线为至车挡的长度)。

5. 铁路线路轨距是如何规定的? 我国铁路轨距怎么规定?

答:轨距是指钢轨头部踏面下 16 mm 范围内两股钢轨工作边之间的最小距离。我国铁路主要采用 1 435 mm 的标准轨距。

6. 轨道联结零件有哪些？其作用是什么？

答：轨道联结零件包括接头联结零件和中间联结零件。接头联结零件的作用是用来联结钢轨与钢轨之间的接头的，包括夹板、螺栓、螺帽和弹性垫圈等。中间联结零件的作用是将钢轨紧扣在轨枕上，有钢筋混凝土枕用的扣件和木枕用的扣件两类。

7. 桥梁由哪些主要部分组成？

答：桥梁主要由桥面、桥跨结构、墩台及基础三部分组成。

8. 桥梁按长度分为哪几类？

答：桥梁按长度分为 4 类，分别为：特大桥：桥梁长度在 500 m 及以上，大桥：桥梁长度在 100 m 及以上至 500 m，中桥：桥梁长度在 20 m 及以上至 100 m，小桥：桥梁长度在 20 m 以下。

9. 隧道是如何定义的？隧道如何分类？

答：铁路隧道是线路跨越山岭时，为避免开挖很深的路堑或修建很长的迂回线，而修建的穿越山岭的建筑物。隧道按所在位置和埋藏条件可分为傍山、越岭、地下、深埋和浅埋隧道。

10. 隧道按长度是如何为类的？

答：隧道按长度分：特长隧道：长度 5 000 m 以上，长隧道：长度 2 000 m 以上至 5 000 m，一般隧道：长度 2 000 m 以下。

11. 轨枕种类分几种？其作用是什么？

答：轨枕按材料分为钢筋混凝土枕和木枕两种。轨枕的作用是支承钢轨，并将钢轨传来的压力传递给道床，保持钢轨位置和轨距。

12. 道床的主要作用有哪些？

答：道床的主要作用是支承轨枕，把从轨枕上部的压力均匀的传递给路基，并固定轨枕的位置，阻止轨枕纵向或横向移动，缓和机车车辆轮对对钢轨的冲击，调整线路的平面和纵断面。

13. 钢轨的作用是什么？

答：钢轨的作用是直接承受车轮的巨大压力并引导车轮的运行方向。在电气化铁路或自动闭塞区段，钢轨还可兼供轨道电路之用。

14. 设置曲线外轨超高的目的是什么？

答：(1)减少曲线外股钢轨所受的垂直力和水平力，使两股钢轨受力均匀、垂直磨耗均匀等；(2)保证轨道稳定，防止车辆倾覆；(3)将离心力限制在一定范围内，保证旅客的舒适度。

15. 曲线的基本要素有哪些？

答：如图 4-1-1 所示，曲线的基本要素是：

(1)曲线的转向角 α；(2)曲线半径 R；(3)曲线切线长 T；(4)曲线长度 L；(5)缓和曲线长 l_0。

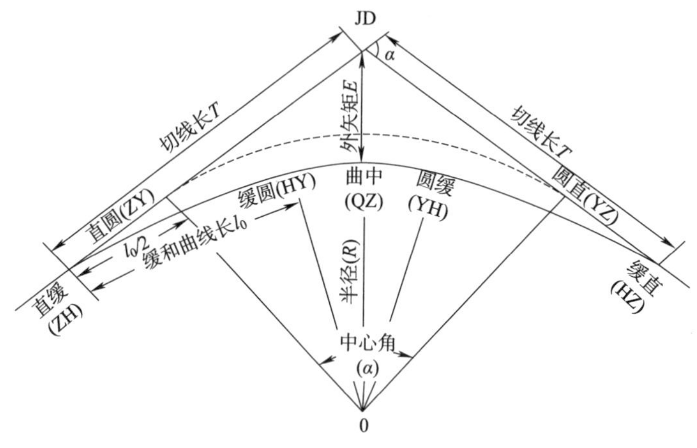

图 4-1-1　曲线要素

16. 钢轨的主要参数是什么？

答：钢轨的头部顶面宽 b、轨腰厚 t，轨身高 H 及轨底宽 B 是钢轨的四个主要参数(如图 4-1-2 所示)。

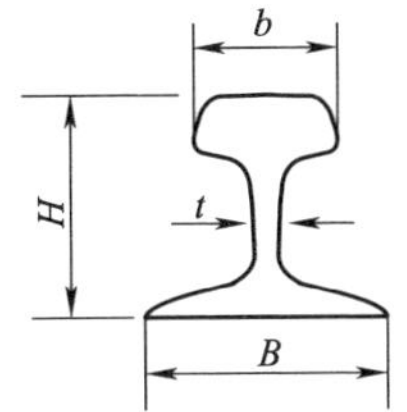

图 4-1-2　钢轨主要参数

17. 什么是道岔？人工扳动道岔的种类有哪些？

答:道岔是一种使机车车辆能从一股道转入或越过另一股道的线路连接设备。人工扳动的道岔主要分为旋转式道岔和弹簧式道岔。

18. 什么是道岔的辙叉号数？它与列车运行速度有何关系？

答:道岔的辙叉号也称道岔号数,我国规定,以辙叉角的余切值为辙叉号。列车侧向通过道岔的速度,与辙叉号数的大小有关,辙叉角越小,道岔号数越大,列车侧向通过道岔的速度就越高;反之就越低。

19. 道岔的作用是什么？分哪几种？

答:道岔的作用是引导机车车辆从一个股道转向另一个股道所走行的设备。道岔分为普通单开道岔、单式对称道岔、复式对称道岔、交分道岔、交叉渡线。

20. 普通单开道岔由哪几部分组成？

答:一组普通单开道岔(简称单开道岔),由转辙器、辙叉及护轨、连接部分组成(图 4-1-3)。

21. 根据道岔的构造特点、用途和平面的形状,标准道岔主要有哪些？

答:(1)普通单开道岔:这种道岔保持主线为直线,侧线在主线左侧或右侧岔出(面对道岔尖端而言)。侧线向右侧岔出的,称为右向单开

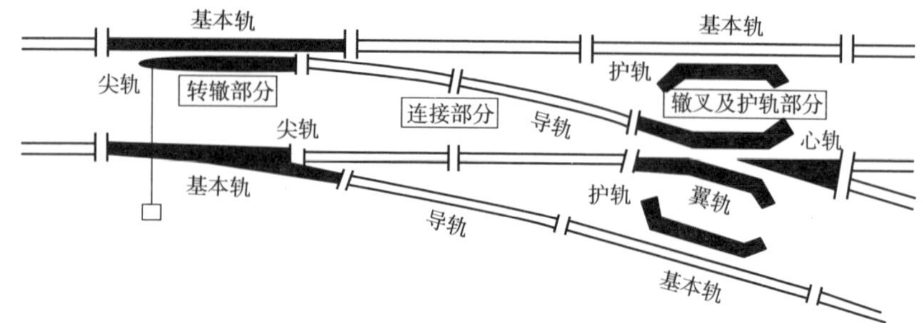

图 4-1-3　单开道岔

道岔，简称“右开道岔”（图 4-1-4）。侧线向左侧岔出的，称为左向单开道岔，简称“左开道岔”。

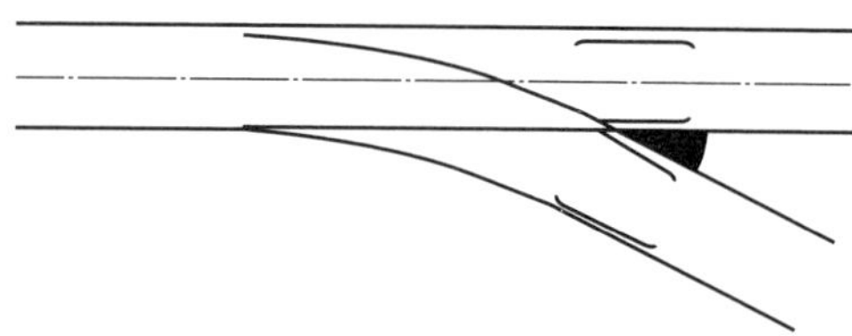

图 4-1-4　右开道岔

（2）单式对称道岔（又称双开道岔）：指自主向左右两侧对称岔出两条线路的道岔，两辙叉角相等（图 4-1-5）。

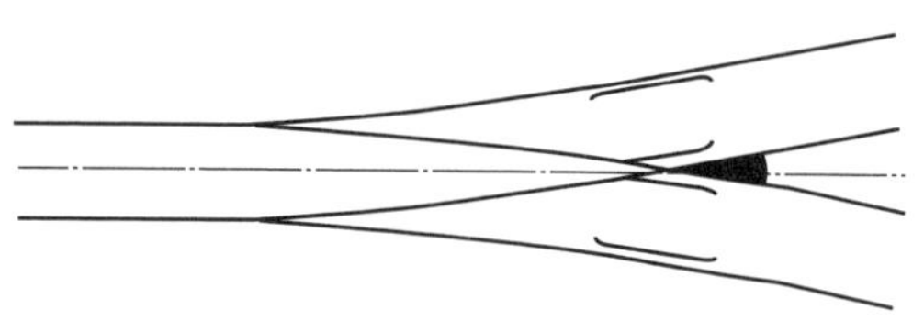

图 4-1-5　单式对称道岔

（3）复式对称道岔（又称三开道岔）：指主线为直线，用同一部位的两组转辙器将线路分为三条，两侧对称分支的道岔（图 4-1-6）。

（4）交分道岔：指两条线路相互交叉，列车不仅能够沿着直线方向运行，而且能够由一直线转入另一直线的道岔（图 4-1-7）。

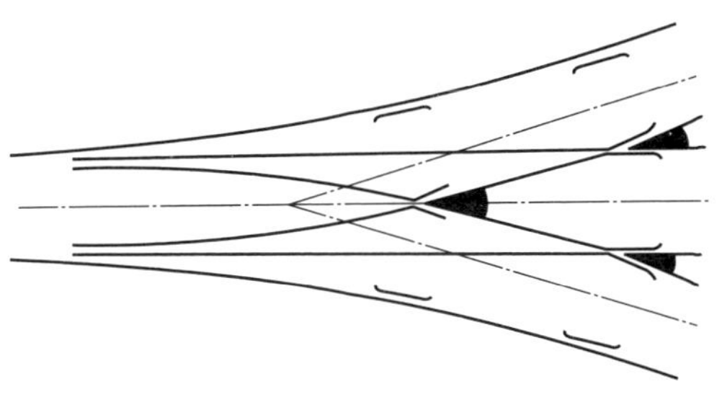

图 4-1-6　复式对称道岔

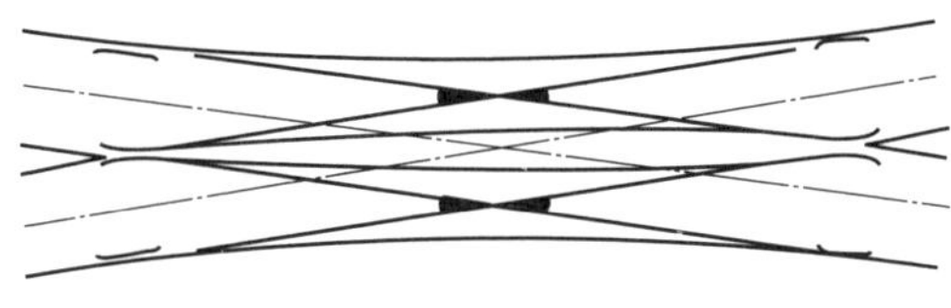

图 4-1-7　交分道岔

(5)交叉渡线:指在两条相邻线路上互相交叉过渡的道岔设备。交叉渡线由四组单开道岔、一组菱形交叉及连接轨道组成(图 4-1-8)。

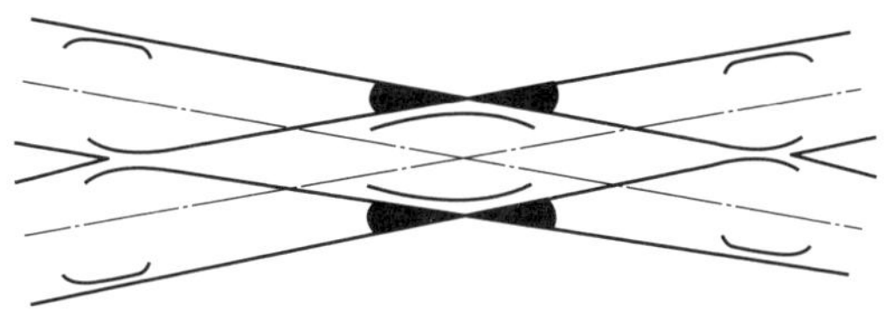

图 4-1-8　交叉渡线

22. 道岔辙叉号数选择应符合哪些规定?

答:(1)正线道岔的直向最高通过速度不应小于路段设计行车速度。

(2)用于侧向通过列车的单开道岔的辙叉号数应根据列车侧向通过的最高速度合理选用。

(3)侧向接发停车旅客列车的单开道岔,不得小于 12 号。

(4)侧向接发停车货物列车并位于正线的单开道岔,在中间站不得小于 12 号,在其他车站不得小于 9 号。

(5)列车轴重大于25 t的铁路正线单开道岔不得小于12号。

(6)其他线路的单开道岔不得小于9号。

(7)狭窄的站场采用交分道岔不得小于9号,但尽量不用于正线,必须采用时不得小于12号。

(8)峰下线路的对称道岔不得小于6号,三开道岔不得小于7号。

(9)段管线的对称道岔不得小于6号。

既有道岔的类型及辙叉号数不符合上述规定时,应按该道岔的辙叉号数限制行车速度,且应有计划地进行改造。

23. 什么是分动外锁闭道岔?为何要对斥离尖轨加锁?

答:即采用分动外锁闭结构的道岔,道岔的两根尖轨之间不设连接杆,在转换过程中两根尖轨是分别动作的。两尖轨分别称为密贴尖轨和斥离尖轨。即当道岔定位时,尖轨与基本轨密贴的称为密贴尖轨,与基本轨离开的尖轨就称其为斥离尖轨;当道岔由定位转换为反位时,则原来的密贴尖轨就转换为斥离尖轨,而原来的斥离尖轨就转换成了密贴尖轨(图4-1-9)。

为防止在特殊情况下,当密贴尖轨锁闭时,斥离尖轨非正常移动影响道岔表示,避免斥离尖轨移动导致出现轮轨接触(或被车轮撞击)而影响行车安全,需对斥离尖轨加锁(图4-1-10)。

图4-1-9

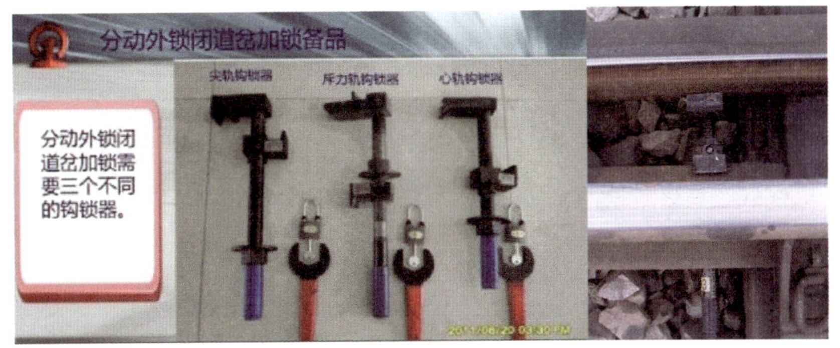

图 4-1-10　分动外锁闭道岔加锁备品

第二章　设计知识

1. 什么是线路平面？它的组成要素有哪些？

答：铁路线路中心线在水平面上的投影叫线路平面，组成元素为直线和曲线。

2. 什么是线路纵断面？它的组成要素有哪些？

答：铁路线路中心线（展直后）在垂直面上的投影叫线路纵断面，组成元素为平道与坡道。

3. 什么是线路水平？

答：同一轨道横截面上左右两股钢轨顶面所在水平面的高度差，称为线路水平。

4. 哪些地点应设避难线？

答：为防止在长大下坡道上失去控制的列车发生冲突或颠覆，应根据线路情况，计算确定在区间或站内设置避难线。

5. 新建岔线必须符合哪些规定？

答：新建的岔线，不应在区间内与正线接轨；特殊情况必须在区间内接轨时，须经铁路总公司批准，并在接轨地点开设车站（线路所）或设辅助所管理。因路内施工临时性的区间出岔，应按期拆除。

6. 什么情况下应设置安全线？

答：岔线、段管线与正线、到发线接轨时，均应铺设安全线。岔线与站内到发线接轨，当站内有平行进路及隔开道岔并有联锁装置时，可不设安全线。

在进站信号机外制动距离内进站方向为超过 6‰下坡道的车站，应在正线或到发线的接车方向末端设置安全线。

合资铁路、地方铁路及专用铁路与国家铁路车站接轨，其接轨处或接车线末端应设隔开设备（设有平行进路并有联锁时除外）。

安全线向车挡方向不应采用下坡道，其有效长度一般不小于 50 m。

7. 警冲标的用途是什么？应设置在什么地方？

答：警冲标是确定机车车辆停车位置，保证行车安全的信号标志之一。其作用是使停放在道岔后部两线汇合处的车辆不妨碍邻线上的列车运行，保证行车安全。因此，任何车辆在道岔后部两线汇合处停放时都不得超越警冲标。

警冲标，设在两会合线路线间距离为 4 m 的中间。线间距离不足4 m 时，设在两线路中心线最大间距的起点处。在线路曲线部分所设道岔附近的警冲标与线路中心线间的距离应按限界的加宽增加。

8. 钢轨接头轨缝应符合哪些要求？

答：钢轨接头的预留轨缝应根据钢轨长度、当地历史最高及最低轨温、更换钢轨或调整轨缝时的轨温经计算确定。

绝缘接头的最小轨缝为 6 mm，最大轨缝为构造轨缝。长度大于或等于 25 m 钢轨铺设在历史最高与最低轨温差大于 100 ℃的地区时，预留轨缝应进行个别设计。

9. 长大隧道为什么要设通风设备?

答:设置通风设备,以降低隧道内的有害气体浓度,使洞内空气卫生标准达标,保障隧道养护人员和乘务人员身体健康。

10. 桥上、隧道内为什么要设避车台、洞? 如何处置?

答:为了便于养护维修人员的作业和通行,桥梁、隧道应按规定分别设置作业通道、避车台、避车洞。

设有单侧人行道的桥梁应沿桥梁全长每隔 30 m 左右在人行道栏杆外侧设一个避车台。设有双侧人行道的单线桥,应在两侧人行道外侧按间隔 30 m 左右交错设置一个,设有双侧人行道的双线桥或多线桥,应在每一侧各相距 30 m 左右设置一个。

隧道避车洞应交错设置在隧道两侧边墙上,大避车洞之间设置小避车洞。

隧道长度为 300～400 m 时,可在隧道中部设一个大避车洞;长度小于 300 m 时,可不设大避车洞。

洞口紧接桥或路堑,当桥上无避车台、路堑侧沟无平台时,应与隧道一并考虑布置避车洞。

避车洞不应设于衬砌断面变化处或变形缝处。旅客列车行车速度为 160 km/h 及以上的隧道内,避车洞内应沿洞壁设置高 1.2 m 的钢制扶手。

第三章　故障诊断处置

1. 胀轨前有哪些预兆?

答:(1)方向方面的预兆:线路碎弯增多,特别是“S”弯增多变大,钢轨原有的硬弯处弯曲范围加长,失度增大,或出现新的小弯、轨距扩大、道钉扣件失效增多等。

(2)水平方面的预兆:高低、水平不好,空吊板连续增多,木枕地段道钉浮离较多。

2. 造成尖轨与基本轨不密贴的原因是什么?

答:尖轨与基本轨不密贴产生的原因:

(1)加工制造时 50 mm 范围内刨切长度不够;

(2)尖轨顶铁过长,补强板螺栓突出;

(3)转辙机位置与尖轨动作拉杆位置不在同一水平线上;

(4)基本轨弯折点有误;

(5)基本轨工作边与尖轨非工作边有"肥边"造成假密贴;

(6)基本轨横向移动;

(7)基本轨或尖轨本身有硬弯;

(8)基本轨、轨撑、滑床板挡肩之间存在"三道缝";

(9)第一、二连接杆与尖轨耳铁连接的距离不合适。

3. 预防尖轨被轧伤的措施有哪些?

答:(1)防止尖轨跳动及确保尖轨竖切部分与基本轨之间的密贴;

(2)加长顶铁,使尖轨尖端不离缝;

(3)将垂直磨耗超限的基本轨及时更换;

(4)必要时安装防磨护轨,减少尖轨侧面磨耗。

4. 发现道岔护轮轨螺栓折损时怎么处理?

答:道岔护轨螺栓必须齐全,作用良好,折断时必须立即更换。

5. 什么是三角坑? 它对安全有何危害?

答:三角坑是在 18 m 范围内,两股钢轨存在三个及以上的坑洼或突起。若以左股为基准股,在右股上出负-正-负或正-负-正的交替水平差时就叫三角坑。

在一般情况下,超过允许标准的水平差,只是引起车辆的摇晃和两股钢轨的不均匀受力及磨耗。但如果在延长不足 18 米的距离内出现水平差超过 4 mm 的三角坑,就会出现车轮不能全部正常压紧钢轨的情况,在最不利的情况下甚至可以爬上钢轨,引起脱轨事故。因此,一旦发现必须立即予以消除。

6. 什么是线路坍白?

答:由于道床本身使用的石砟本身材质不良以及机械磨耗和列车的动力作用对道砟的打击,当钢轨接头低塌、空吊等病害时增加冲击,使道砟粉碎成粉末。

7. 什么是翻浆冒泥?

答:由于道砟间隙被脏污物填满,影响了道床的正常排水,从而造成道床翻浆,板结,使道床弹性减小,捣固困难,引起轨道状态变化,加剧道床技术状态变化,形成恶性循环。

8. 什么是三捣两稳、三捣不稳?

答:有两种解释:一是线路施工中大型养路机械作业车的配置方式,即三台捣固车两台稳定车;二是大型养路机械维修作业方式,即对线路捣固作业三遍,稳定作业两次。同理,"三捣不稳"解释同上。

9. 工务大型养路机械主要包括哪些?

答:工务大型养路机械主要包括清筛机、捣固车、动力稳定车、配砟整形车、打(铣)磨车、大修列车、路基处理车、焊轨车、物料运输车、轨道作业测量车、轨道吸污车、除雪车、除沙车、连续式起道车、快速换轨车,常见大型养路机械如图 4-3-1～图 4-3-6 所示。

图 4-3-1　自动整平捣固车

图 4-3-2　道岔捣固车

图 4-3-3　道砟清筛机

图 4-3-4　配砟整形车

图 4-3-5　移动式焊轨车

图 4-3-6　钢轨打磨车

10. 工务小型养路机械主要包括哪些?

答:工务小型养路机械设备包括各类道砟捣固机械、钢轨整修机械、轨枕作业机械(含螺栓扳手等)、起拨机械、焊修发电及照明设备、检测装置等小型养路、养桥设备等。常见小型养路机械如图 4-3-7～图 4-3-14 所示。

图 4-3-7　内燃冲击捣固镐

图 4-3-8　仿型打磨机

图 4-3-9　钢轨拉伸器

图 4-3-10　内燃道岔打磨机

图 4-3-11　内燃双头螺栓扳手

图 4-3-12　内燃单头螺栓扳手

图 4-3-13　内燃锯轨机

图 4-3-14　钢轨钻孔机

第五篇　供 电 篇

第一章　供电知识

1. 什么是电气化铁路?

答:电气化铁路是指设有牵引供电系统,以电力机车作为列车牵引动力的铁路。

2. 什么是牵引供电系统?

答:将电能从电力系统传送给电力机车使用的供电装置。包括牵引变电所和接触网。

3. 什么是牵引供电装置?

答:专门供给电力机车电能的装置。

4. 什么是电力机车?

答:系指从接触网上取得电能并转换成机械能牵引列车的机车。

5. 什么是接触网?

答:沿铁路上空架设的、专门为电力机车输送电能的、特殊形式的输电线路。

6. 什么是越区供电?

答:牵引变电所超越正常供电范围,向相邻牵引变电所所属的停电牵引网供电。

7. 什么是常分，常合隔离开关？

答：常分，是指隔离开关在接触网正常供电时处于打开状态，隔离开关不导电。主要用在绝缘锚段关节和分相处。常合，是指隔离开关在接触网正常供电，处于闭合状态，隔离开关导电。货场和专用线就是利用隔离开关和分段绝缘器配合使用，当货场和专用线装卸、机车整备等作业时，按照规定程序打开隔离开关，货场和专用线无电，进行装卸货作业或机车整备作业。

图 5-1-1 为分段绝缘器与隔离开关的组合。注意隔离开关处于打开位置，货场线无电，可以进行装卸货作业。

图 5-1-1　分段绝缘器与隔离开关

8. 供电臂的作用是什么？

答：接触网通过变电所供电，每个变电所有一定的供电范围，供电臂就是由一个变电所向相邻变电所供电的范围。比如侯马北变电所供至翼城变电所，侯马北至翼城的接触网设备就是一个供电臂范围。翼城至桥上是一个供电臂，桥上至沁水是一个供电臂，沁水至嘉峰是一个供电臂。

供电臂作用：一是给接触网分段供电，保证接触网电压在《技规》规定的范围：接触网标称电压 25 kV，最高工作电压 27.5 kV，短时（5 min）工作电压 29 kV，最低工作电压 19 kV。二是提高供电的可靠性，如某一变电所发生电源故障时，可以改变运行方式，由相邻变电所供电，从而提高供电可靠性。

9. 何谓移动接触网?

答:移动接触网主要应用于铁路电力机车检修库和铁路货运站,在机车进、出库和货运站时为机车提供电能,在机车检修和装、卸货物时为机车顶部释放出空间(图 5-1-2、图 5-1-3)。同时也可应用于其他特殊电气化铁路区间。

移动接触网主要由移动接触网装置、安全连锁控制系统两部分组成。移动接触网装置一般由移动段和刚柔过渡段两部分组成,移动段设置在移动接触网线路中部,通过移动段的旋转移动释放其线路上部空间;刚柔过渡段设置在移动接触网线路两端,实现与柔性接触网的衔接和过渡。安全连锁控制系统主要由 PLC 可编程控制器和相关电器元件组成。通过安全连锁控制系统实现对移动接触网装置的旋转移动和到位控制。

图 5-1-2　移动接触网

图 5-1-3　移动接触网

10. 隔离开关分几种?

答:按照用途分为不带接地刀闸(图 5-1-4)和带接地刀闸(图 5-1-5)两种。安装在货场装卸线、机车整备线等处的隔离开关,通常选用带接地刀闸的隔离开关。在隔离开关打开的同时,接地刀闸将接通停电侧刀闸,以保证装卸货物和检修机车人员的安全,安装在绝缘锚段关节、分相和馈线等处的隔离开关采用不带接地刀闸的方式。

图 5-1-4 不带接地刀闸

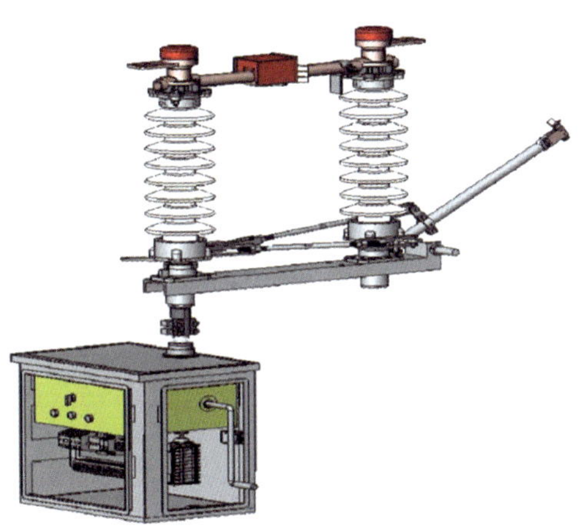

图 5-1-5 带接地刀闸隔离开关

另外:

隔离开关可以按照绝缘支柱的数目分为单柱、双柱、三柱和 V 形。

按照极数分为单极、三极式。

按照运行方式分为水平旋转、垂直旋转式。

按照使用地点分为户内、户外式。

按照操作机构分为手动、电动式。

第二章　设备介绍

1. 电气化铁路具备哪些优越性？

答：(1)功率大：能多拉快跑，大大提高运输能力。

(2)效率高：能节约燃料，便于综合利用资源。

(3)条件好：免除环境污染。

(4)成本低：能提高劳动生产率。

能促进铁路沿线实现电气化，有利于工农业生产发展。

2. 电气化铁路的组成？

答：电气化铁路主要由电力机车、接触网及牵引供电装置组成。

3. 牵引变电所的主要作用是什么？

答：牵引变电所(图 5-2-1)的主要作用是将工业电网中送来的 110 kV 或220 kV 三相交流高压电，降低到牵引供电系统所需的电压(27.5 kV)，同时以单相交流方式经馈电线送至接触网。电压的降低和三相变为单相，都是由牵引变压器完成的。

图 5-2-1　牵引变电所

4. 架空式接触网由哪些部件组成?

答:架空式接触网结构如图 5-2-2 所示。它由以下四部分组成:

(1)接触悬挂。它包括接触网导线、吊弦、承力索和坠砣补偿器。其中接触网导线直接与电力机车顶部的受电弓接触,要求弹性均匀,弛度变化小,保证在任何条件下都能不间断地给机车供电。

(2)支持装置。它包括腕臂、拉杆和绝缘子,用于吊挂接触悬挂的全部设备,并把它的重量传给支柱。

(3)定位装置(定位器)。它把接触网导线固定在线路中心的一定位置,使机车受电弓在导线上滑行取流时,导线不会超出受电弓的范围,并能保证受电弓磨耗均匀。

(4)支柱与基础。它用于承受接触网的全部重量,并将导线固定在《铁路技术管理规程》规定的高度。

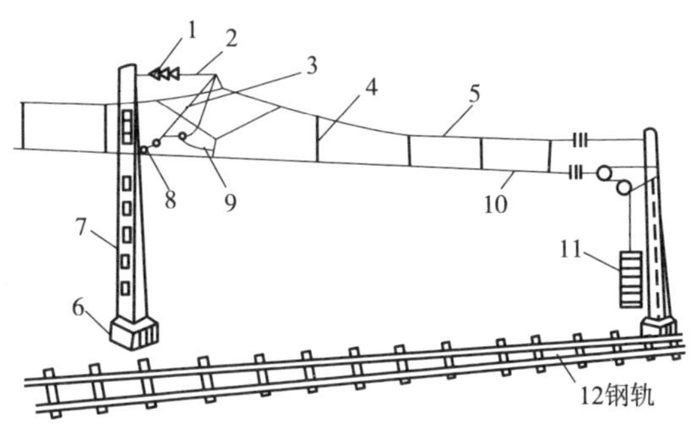

图 5-2-2　架空式接触网结构示意图

1—悬式绝缘子;2—平腕臂;3—斜腕臂;4—吊弦;5—承力索;6—基础;7—支柱;8—棒式绝缘子;9—定位器;10—接触线;11—坠砣;12—钢轨

5. 接触线距离钢轨顶面的高度有何规定?

答:接触线距离钢轨顶面的高度不超过 6 500 mm,否则,机车受电弓与导线接触的压力不够,影响机车受流。在区间和中间站不少于 5 700 mm(旧线改造不少于 5 330 mm);在编组站、区段站和个别较大的中间站站场,不应少于 6 200 mm;站场与区间宜取一致;双层集装箱运输的线路,不少于 6 330 mm。

6. 列车运行对接触网有何要求?

答:接触网布置在露天,风吹、雨打、日晒,工作条件差。同时,接触网在运行时没有后备,一旦发生故障,立即影响列车正常运行秩序,甚至造成中断行车。因此,要求接触网在任何条件下都能保证不间断地给电力机车供电。

为了保证电力机车能够良好地接受电源和减少接触网导线、机车受电弓及其他零件的机械损伤,最理想的条件是当机车受电弓沿接触网导线滑行取流时,导线能保持相同的高度和相对的水平位置,而且受电弓对导线的压力保持不变。具体要求有以下两点:

(1)弹性均匀。当机车受电弓对导线的压力不变时,导线被抬起的高度相等。这就要求接触网导线没有硬点,并且具有较小驰度。因为交流电气化铁路电力机车自接触网导线所取电流多达 200～300 A,机车受电弓在带负荷的条件下,如发生上下跳动或脱弓离线的情况时,将引起强大电弧(火花),会烧伤受电弓滑板和接触网导线。同时,高速滑行的受电弓对硬点的撞击,也将发生弓网机械损伤。

(2)弛度变化小。要求接触网导线在任何条件下,距离钢轨顶面的高度不得小于或大于《技规》①规定的数值。如小于规定值,将影响超高货物安全通过电气化铁路区段和电力机车的正常运行;反之,如大于规定值时,将造成机车受电弓与导线接触不良,影响电力机车良好的取电。因此,要求接触网导线在任何温度条件下,距轨面的高度均符合《技规》要求。

7. 什么是锚段? 它有什么作用?

答:在区间或站场线路上,为满足供电和机械方面的要求,将接触网分成若干段,每段长度为 1 500～2 000 m,且相互独立。这种独立的分段,称为锚段。

锚段的主要作用是:

(1)可以限制事故范围。当发生断线或支柱折、断等事故时,由于锚

---

① 《铁路技术管理规程》,下同。

段在机械方面的独立性，使事故限制在一个锚段内不再扩大，从而缩小事故范围。

(2)便于在锚段两段给接触网导线和承力索加设补偿装置，以调整导线、承力索的张力和弛度。

(3)便于供电分段，容易满足接触网的供电方式和接触网设备分段检修的需要。

(4)锚段关节配合隔离开关的使用，可以缩小停电检修的范围。

8. 什么是锚段关节？有何作用？

答：一个锚段与另一个锚段衔接的部分称为锚段关节。在锚段关节处，两个锚段的接触网导线是平行的，保证电力机车通过时，机车受电弓能平滑地由一个锚段过渡到另一个锚段。按其用途不同，分为电不分段的非绝缘锚段关节和电分段的绝缘锚段关节两种：

(1)非绝缘锚段关节，不进行电的分段，只起机械分段的作用。通常由三个跨距组成，简称为“三跨”。它包括两棵锚柱和两棵支柱来实现锚段的衔接和过渡。

(2)绝缘锚段关节，除做机械分段外，主要用于同一相序的电分段。一般由四个跨距并配合一台隔离开关组成，简称为“四跨”。通常设在车站两端，将站场和区间的接触网在电路上分开。

9. 分段绝缘器有何作用？有哪几种？

答：在电气化铁路车站的货物装卸线、电力机车整备线等处，为保证工作人员的作业方便和人身安全，需将接触网在电的方面分成独立的区段，必须安设简单轻巧的分段绝缘器。这种结构既能保证供电的分段，又能保证受电弓平滑的通过。分段绝缘器大多配合隔离开关使用，以便使分段绝缘器两端的接触网，当开关闭合时都能带电；当开关断开时，独立的区段中则无电，便于在该独立区段内进行货物装卸、机车整备或接触网停电检修作业。

常用的分段绝缘器如图 5-2-3～图 5-2-7 所示。

10. 分相绝缘器有何作用？如何设置？

答：分相绝缘器设在牵引变电所向接触网馈送不同相位的电源时，接触网需要分相供电的地方，一般位于牵引变电所和分区亭所在车站的信号机外方 800 m 左右，便于列车机外停车后起动和不影响站内利用正线进行调车作业。

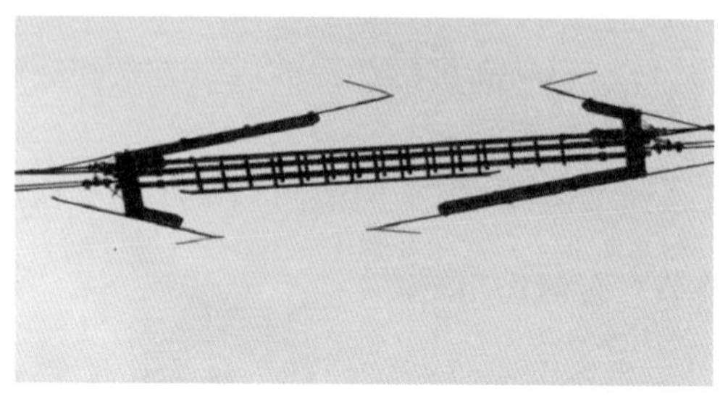

图 5-2-3 XFFP-2.0 无弯矩分段绝缘器

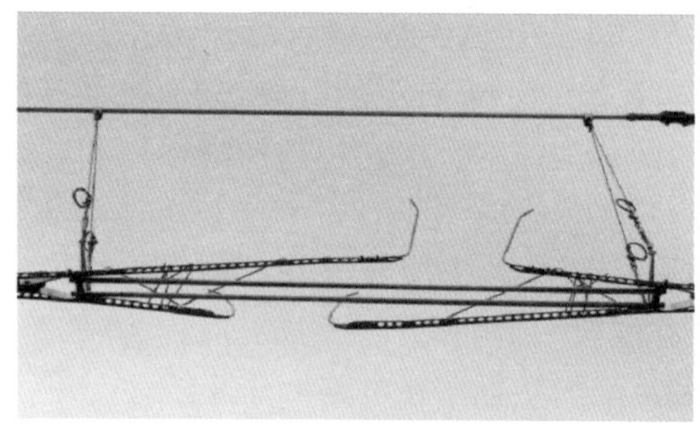

图 5-2-4 XTK 分段绝缘器

图 5-2-5 菱形分段绝缘器

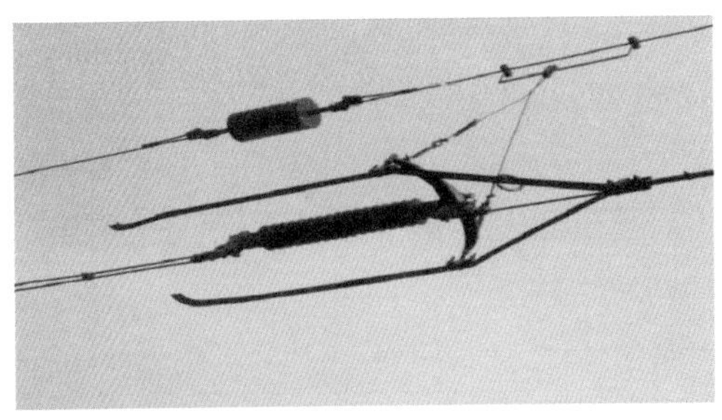

图 5-2-6　TK-XFFP-1.6T(G)型分段绝缘器

图 5-2-7　DXF-(1.6)Ⅱ型分段绝缘器

分相绝缘器既承受接触网不同相位的电压，起到电分相的作用，又起到机械连接的作用。一般由两块或三块相同的绝缘件组成。绝缘件之间的接触网称为中性区段(又称为无电区段)。

11. 为什么要设置断、合电标？如何设置？

答：由于电力机车通过分相绝缘器时，必须切断主断器，断电滑行。所以，在分相绝缘器两端 30 m 处，上、下行方向分别设置“断”、“合”字样的断电标和合电标。司机操纵电力机车通过时，先断开机车主断路器，断电滑行通过分相绝缘器后，再重新合上主断路器。防止机车受电弓通过无电区段时，拖带电弧烧损绝缘件和接触网导线，或造成其他供电事故。

另外，由于分相绝缘器两端电压的相位不同，且无电区段较短，所以，在分相绝缘器两端 150 m 处，上、下行方向还应设置“禁止双弓”标，告知司机禁止升起双弓通过分相绝缘器，以防止两个受电弓处于不同相位的接触网导线上，造成相间电流短路的严重事故。

“断”、“合”电标及“禁止双弓”标的设置，如图 5-2-8 所示。

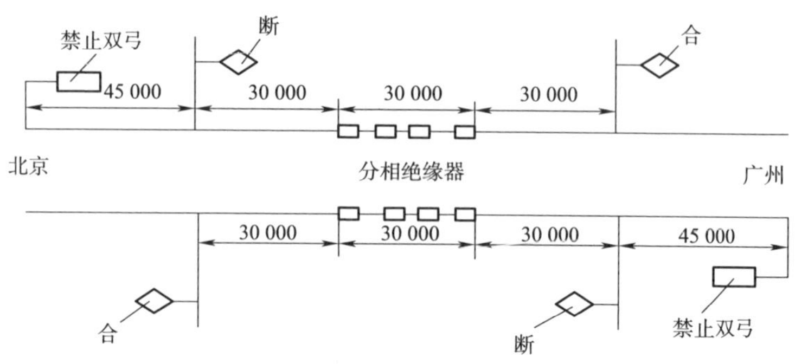

图 5-2-8 “断”、“合”电标及“禁止双弓”标设置

为解决电力机车通过分相绝缘器时，司机要频繁手动操作断、合主断路器的问题，新型电力机车（如 SS_8、和谐型等）和电力机车动车组均设有自动过分相绝缘装置。

12. 哪些地方应设置接触网隔离开关？它有几种类型？

答：第一，在长大桥梁、隧道及车站两端需要进行纵向电分段的地方；第二，在到发线（场）、货物装卸作业线和电力机车整备线等需要进行横向电分段的地方；第三，其他需要进行电分段的地方，都应设置隔离开关，以增加供电的灵活性、可靠性和保证工作人员的安全。它是接触网的主要设备之一。

接触网采用的隔离开关在结构上均是外露的，作业人员可以明显地看到它的开、闭状态。一般采用电力系统中 35 kV 级的单级隔离开关。

隔离开关按其用途不同分为带接地刀闸和不带接地刀闸的两种。经常操作的，一般采用带接地刀闸的，安装在车站的货物线、电力机车折返段的整备线上。不经常操作的，一般采用不带接地刀闸的，安装在车站两端四跨电分段、分相电分段、馈电线、捷接线、并联线等与接触网的连接处。

按操作程序又分为远动和电控两种。隔离开关的远动是供电远动系统的一部分，指供电部门调度员控制的接触网、电力线路远程控制系统中控制打开或闭合的隔离开关。

隔离开关电控是指供电调度员批准，由供电专业人员操作的电动隔离开关。

注意：隔离开关远动和电控与车务、机务部门使用的货场、专用线、机车整备线隔离开关无关。

13. 操作隔离开关应遵守哪些规定？

答：从事隔离开关倒闸作业人员，须经铁路供电部门专门训练并通过安全考试合格后，发给隔离开关操作证，方能担任工作。其安全等级不得低于三级。操作时应遵守以下规定：

(1)操作隔离开关人员，必须按要求进行登记，办理倒闸作业手续，严禁简化程序。

(2)隔离开关开闭作业时，不得少于两人，执行一人操作、一人监护制度。

(3)操作人员必须按规定穿戴绝缘靴、绝缘手套、安全帽等安全防护用品，使用规定的绝缘棒(或绝缘摇把)、绝缘垫等工具用品；在确认隔离开关及其传动装置正常、接地杆、接地线良好、本分段绝缘器内确无电力机车取流，作业人员均处于安全位置的情况下，方可按规定程序操作，操作完毕，两人确定开关状态。

(4)操作隔离开关要准确、迅速，一次开闭到位，中途不得停留和发生冲击。操作过程中，人体各部不得与支柱及其构件接触。雷电天气时，禁止操作隔离开关。

(5)隔离开关使用单位要建立健全隔离开关操作的安全作业标准，及绝缘防护用品、工具的安全检查检测管理制度。

(6)绝缘靴、绝缘手套、绝缘工具等安全防护用品，要存放在清洁、干燥、通风良好的处所妥善保管，定期(每半年一次)送供电部门进行绝缘性能的耐压试验。每次使用前用干布擦试，并进行外观检查，发现有漏气、裂损等现象禁止使用。

14. 主闸刀和接地闸刀分别操作的隔离开关应如何开、闭？

答：闭合时，先断开接地闸刀，切断电流通往接地线的经路，然后闭合主闸刀，使接触网恢复供电。严禁接地闸刀处于闭合状态下，强行闭合主闸刀，以免发生接触网电流短路事故。断开时，应先断开主闸刀，切断电网中的高压电源，然后闭合接地闸刀。如先闭合接地闸刀，因接触网的电源未切断，也会发生电流短路事故。

15. 什么是自动重合闸继电保护装置?

答:运营经验证明，接触网或馈电线路的短路故障大部分是暂时的。当接触网或馈电线路发生瞬间性故障(如绝缘子闪络等)时，继电保护装置只需切断故障线路，使短路点电弧熄灭，待故障消失后，再让断开的断路器重新合闸，继续供电，以提高牵引供电的可靠性。

我国电气化铁路广泛采用一次重合闸装置。当供电线路发生瞬间故障，例如老鹰等站在绝缘子串上面起飞时，它的两个翅膀造成的短路和列车高速运行中激烈跳动，敞车装运货物的树枝碰触导线时，瞬间故障引起断路器跳闸后，继电保护装置能自动重新合闸(简称重合闸)。若故障是持续性的，则继电保护装置能使断路器再次跳闸后，就不能再进行第二次重新合闸。在进行手动跳闸或合闸时，自动重合闸不会动作。

第三章　电气化作业安全

1. 电力机车进入接触网停电的线路有何危害?

答:(1)电力机车受电弓将高压电带进已停电的接触网上，危及正在进行停电检修接触网或检查、整装货物作业人员安全。

(2)即使接触网检修作业人员已撤离现场，但由于接触网未恢复到正常状态，有可能刮坏接触网部件或使机车受电弓受损。

(3)机车受电弓滑过分段绝缘时，可能烧伤绝缘，甚至烧坏隔离开关。

(4)如停电区域装设了接地线，用于防护作业人员安全时，将导致变电所断路器瞬时跳闸，致使该供电臂接触网停电，影响供电臂内各区间、车站的列车到发。

因此，车站应采取各种安全措施，防止将电力机车及其牵引的列车接进接触网停电的线路，确保作业人员安全和行车安全。

2. 电气化铁路如何组织区间卸车?

答:进入电气化区间卸车时,列车调度员除按照一般铁路区间卸车的规定发布调度命令,指明往返车次、卸车地点、返回时间外,电气化区间卸车的命令还应指明接触网停电或不停电。

列车调度员应做好区间卸车计划,并与供电调度员共同拟定接触网停电计划。列车进入区间前应办妥停电手续。接触网停电后,列车进入区间,到达卸车地点后即可开始作业。卸车完毕,列车返回车站后恢复供电。由于接触网停电进行区间卸车需要改变牵引方式,而且影响一个供电臂(一般为三个区间)内的列车运行,所以一般不采用此种方法。

采用电力机车牵引列车进行区间卸车时,列车进入区间前接触网不停电,列车到达卸车地点停车后,由卸车负责人用区间电话或列车无线调度通信设备报告列车调度员发布停电命令。卸车负责人接到停电命令并确认接触网停电后,通知司机鸣笛一长声,准许卸车人员下车、打开车门、开始卸车作业。卸车完毕,卸车负责人应检查货物堆码状态,确认限界,清好道沿,关好车门,并督促卸车人员迅速上车。卸车人员全部上车后,向列车调度员报告,发布恢复接触网供电的调度命令,并通知司机开车。

遇以下几种情况组织区间卸车时,接触网可不停电,但需采取相应的安全措施。

(1)使用风动石砟车装运路料,可用电力机车牵引列车进入区间指定地点,以 8～15 km/h 的速度边走边卸,但不准电力机车推进运行,以减少卸石砟时扬起的尘土对牵引电机的污染。

(2)平车装运的钢轨、枕木等,在区间由人工卸车时,卸车人员可以站在车底板或端板上,使用 0.8m 以下的短撬棍卸车。因为区间接触网导线高度为 5 700 mm,减去车底板高度 1 100 mm、卸车人员及所持工具的高度不超过 2 600 mm,人与带电体之间仍能保持 2 m 以上的安全距离。

(3)敞车装运石砟,车上装有安全防护网时,卸车人员可以站在车上作业。如未装设安全防护网,由于堆装的石砟较高,使用的铁锹较长,卸车人员不得站在石砟堆上作业,以免触电。此时,卸车人员应打开侧门,站在车下进行卸车作业。

3. 接触网停电检修如何办理封锁区间?

答:供电调度员应于签认停电登记手续时,一并向列车调度员提出需要封锁的区间和时间,经列车调度员同意后,由列车调度员发布封锁区间进行接触网施工的命令。

在封锁区间以及在列车运行图中为接触网检修所留的“天窗”时间内,进行接触网施工时,除接触网工用的检查车,重(轻)型轨道车外,其他单位的机车、车辆及轨道车、动车,未经供电调度员许可并通知接触网施工负责人做好安全防护以前,不准进入停电施工的区间。

如遇供电与电务、工务联合施工时,如工、电部门需向停电施工区间开行路用列车或轨道车时,应事先取得供电调度员同意,并将进入区间的车次、时间、卸车地点、停车时间的调度命令抄送供电调度员和接触网施工负责人,以便提前进行安全防护。进入封锁施工区间的路用列车(单机、重载轨道车)均以行调命令为凭证。

4. 需要电力机车降弓通过接触网故障地点如何办理?

答:因接触网故障或检修作业,要求电力机车临时降弓通过故障检修地点时,接触网工区负责人应通过车站值班员向列车调度员申请。列车调度员应向两端车站值班员、有关列车司机发布临时降弓通过的调度命令。接触网工区应派人在该处防护,按规定显示降弓、升弓手信号。司机应加强瞭望,及时降下受电弓。

需要电力机车长期降弓通过的地段,除列车调度员要按供电调度员通知的内容,向司机发布降弓通过的调度命令外,供电段或接触网工区应在该地段两端列车运行方向的左侧,设置准备降弓、降弓、升弓标志。

5. 电力机车及其牵引的列车停于区间无电区时,应如何救援?

答:电力机车牵引列车在区间运行,由于行人挡道等原因,司机施行紧急制动停车,正巧停在分相绝缘器等无电区内,机车升起另一受电弓仍不能接通电源时,应立即报告列车调度员发布封锁区间命令,按救援办理。

如无电区域较短,可指派区间两端站内停留的电力机车,由列车前部牵引或由后部推送，使电力机车离开无电区域，即可升弓受电，继续牵引列车运行。如无电区域较长，担当救援的电力机车应从列车后方站进入区间将列车推出无电区。若救援单机只能从列车前方站进入区间时，则需带上足够长度的车组作为隔离车，按“长竿钓鱼”的调车方法将电力机车拉出无电区。

值得提醒的是：无论从前方站或后方站派出机车，均应以救援列车的车次、以调度命令为行车凭证进入封锁区间；救援完毕，列车调度员确认区间空闲后，方可向两端站发布开通区间的命令。

6. 如何防止将电力机车牵引列车接入接触网停电的线路?

答：(1)挂牌制：车站某一股道的接触网停电检修时，应在操纵台该股道的按钮(手柄)上或在《站细》规定的明显地点悬挂“停电”提醒牌。恢复供电后，及时撤除。

(2)加卡制：按照操纵台手柄的转动角度以及按钮按下的活动距离做成特制的“停电卡”，当股道停电后，即在该股道的手柄或按钮上安置“停电卡”，达到不能随意扳动手柄或按下按钮的目的。恢复供电后，立刻撤除“停电卡”。

(3)戴帽制：按照电气集中操纵台按钮或手柄的大小、形状，用铁皮或硬纸制成按钮或手柄“帽”，达到不能随意按下按钮或扳动手柄的目的，防止错办接车线路。该股道恢复供电后及时撤除。(计算机联锁显示屏，在停电线路两端信号机按钮使用戴帽功能，恢复供电后，及时摘帽)。

(4)加锁制：非电气化集中的车站，将道岔扳至不能进入接触网停电股道的位置并加锁；集中联锁的车站，将道岔单操至不能进入接触网停电股道的位置并室内单锁。

(5)检查确认制：车站接发列车人员在检查确认能接发列车进路空闲时，一并检查确认隔离开关是否合闸送电，检查确认接车线上空接触网有无供电作业人员。

7. 接发列车作业应注意哪些安全事项?

答：车站办理接发列车作业时，除严格执行列车作业标准，按照五项作业程序进行外，还要注意以下安全事项：

(1)接发列车前,应从控制台上再度确认进出站信号开放状态,防止列车在进站信号机外停车或出站信号机处于关闭状态时发车,危及行车安全。

(2)监视列车进出站时,除按照规定检查列车运行情况外,运行前方有桥隧建筑的车站,要特别注意检查敞、平车上装载的货物高度有无突出,罐车顶部空气包的盖板是否翘起,有无超出限界的树枝和棒杆,篷布有无飘动,绳索是否松动。

发现上述情况时,对停站列车应使接触网停电整理或通知有关工作人员甩车后,将其送至接触网停电或未挂网的线路上进行整理;对通过列车,如危及行车安全时,应令其停车处理。

(3)对停站上水的旅客列车,要提醒列车员和上水工不要用水管冲刷车厢;上水完毕拔掉水管时,水管不能朝上喷射接触网带电部分。

8. 站内接触网停电而区间有电时,如何办理接车?

答:站内接触网停电而区间接触网有电的特殊情况下,如因调整列车运行或救援事故等特殊需要,必须由区间接入列车时,可按滑行进站接车的办法办理。但只能在进站信号机外制动距离内、进站方向为平直或下坡道的车站采用。办理时应注意以下几点:

(1)车站值班员应报请列车调度员批准,由列车调度员发布降弓滑行进站的调度命令,并由停车站值班员将命令转交给司机,以便司机提前做好滑行进站的准备。

(2)电力机车司机应于列车进入预告信号机或分相(分段)绝缘器以前降弓断电运行。由于电力机车降弓断电后不能使用电阻制动,所以,降弓前司机应使用泵风按钮,将总风缸内风压充至最高,以便列车滑行进站过程中,随时使用空气制动减速和停车。

(3)因故临时不准列车滑行进站时,车站值班员应立即关闭进站信号机,并通知接车人员注意防护。列车应在进站信号机或分相(分段)绝缘器外方停车。接车人员与车站值班员联系,问明原因,待站内消除故障,接触网恢复供电后,再将列车接入站内。有条件时,也可派出调车机车或区域调车机车将列车拉入站内。

9. 站内接触网停电而区间有电时,如何办理发车?

答:遇站内接触网停电而区间接触网有电的情况,为保证列车运行正点,可采用内燃机车(车站或专用线上的调机),作为后部补机,推送列车出站,待列车头部的电力机车进入有电区升弓受电后,补机再返回车站。由于内燃机车推送力较小,只能在出站方向为平道、下坡道或不超过2.5‰的上坡道条件下,征得司机同意后方可办理。并注意以下两个问题:

(1)补机返回问题。补机返回有两种情况:一是补机推送列车出站后未越过进站信号机或站界标时,即未进入区间,可按站内调车办理补机返回;二是补机推送距离较远,已进入区间时,应按补机由区间返回的规定办理。

(2)补机与列车是否连结软管的问题。如补机推送距离较短(不越出站界)、出站方向不超过 2.5‰的下坡道时,补机与列车可以不接软管。反之,补机与列车应接软管。

补机与列车不接软管时,电力机车进入有电区升弓受电后,应鸣笛一长声、两短声通知补机停止推送,站在补机上的调车指挥人立即提开补机的车钩,并向补机司机显示妥切信号,补机鸣笛一长声、两短声回示本务机车后,制动停车,然后按规定返回车站。提不开车钩时,调车指挥人应向补机司机显示加速推送信号,当补机加速推送,车钩呈压缩状态时,应即提钩。

补机连结软管推送列车时,当电力机车进入有电区升弓受电后,鸣笛一长声、两短声通知补机司机停止推送并制动停车。列车停妥后,调车指挥人下车按照“一关前、二关后、三摘软管、四提钩”的程序摘下补机,并向本务机车显示发车信号。列车由电力机车牵引继续运行,补机按规定返回。

10. 电气化区段站内接触网停电检修时,接发列车应注意哪些安全事项?

答:(1)确认好接触网的停电范围和分段绝缘器的位置,按照列车运行图及接触网停电检修的天窗时间,掌握好承认闭塞(预告)的时机。

(2)列车能够滑行进站时,可根据列车调度员的指示在预告司机的前提下使列车滑行进站或通过，但办理前要通知接触网检修人员，并需得到负责人的同意。

(3)不能影响接触网检修人员的正常工作。

(4)利用补机(非电力机车)推送至有电区后，电力机车才能升起受电弓继续运行，站内不允许升弓。

11. 遇天气不良或雷雨天气时，接发列车人员应注意什么？

答：遇天气不良或雷雨天气时，接发列车人员应提前出场，站在距离接触网支柱较远处。必须横越线路时，应远离接触网支柱并严格执行"一站、二看、三通过"的作业程序。

12. 天窗检修作业有什么要求？

答：(1)对跟随列车进入区间的接触网检修轨道车在接到停电命令后方可进行作业。

(2)变电所、分区亭、接触网工区必须严格遵守命令中指定的开始、终了时间，不得早于规定时间切断电源、开始作业。

(3)对停电而未封锁的区间、站场或线路，准许非电力机车或非电力动车组正常运行或作业。

(4)在站内检修，接触网工区未能按时到站登记或登记内容与调度员掌握的计划不符时，应停止当日的检修作业。

13. 天窗检修登记及供电调度员发布命令有何规定？

答：(1)在车站检修作业时，接触网工区应指派专人，提前将检修地段、作业内容、影响范围及作业领导人等在车站《行车设备施工登记簿》内进行登记，车站值班员经核对无误后，方可签认。

(2)供电调度员必须审查作业计划后，再与列车调度员进行联系。列车调度员根据供电调度员提供的计划与有关车站逐一核对无误后，方可与供电调度员签认，并须把检修起止时间(或某次列车通过后起)填写清楚。

(3)列车调度员、供电调度员的检修停电命令内容必须完全一致并签认后，方可分别向车站、变电所、分区亭及接触网工区下达。供电调度员下达命令时，按规定格式办理。抄收命令人必须逐字逐句进行复诵，确认无误后方可给予命令编号、发令时间、批准命令实行，否则命令无效。

(4)供电调度员必须在得到变电所、分区亭和接触网工区已完成停电命令中所规定的各项具体作业及各项防护措施已准备妥当的报告后，方可向接触网工区作业人员，发出准许作业的命令。凡未取得供电调度员准许作业的命令时，不准进行接触网作业。

14. 在技术站编发线上如何挂网？如何组织列车编组与出发作业？

答：在电气化铁路技术站编发线上，一般采用一端或两端挂网。为什么要在编发线上一端或两端挂网呢？因为编发线不挂接触网，牵引出发列车的电力机车无法起动；如在编发线上全部挂网，又影响编组调车作业使用棚车类人力制动机，妨碍出发列车货物检查与整装作业。为解决上述矛盾，一般采取在编发线一端或两端(后部加挂补机时)从出站信号机或警冲标开始向内架设 50～60 m 的接触网(双机牵引时要适当延长)。

编组列车时，车辆在编发线上集结够一个车列后，由调机负责挑选车组、调整组顺和隔离车或关门车等，然后将车辆连挂在一起，并将出发车列的机后第一位车辆送进发车端接触网下，以便出发机车连挂车列后能够升弓受电。

当电力机车段配置在列车出发端，如有后部补机时，应组织后部补机先行出段，经走行线挂于车列尾部，本务机车紧跟其后出段，直接挂于车列前部，以缩短连挂机车作业时间。

为保证列车出发技术作业人员安全，防止机车车辆误入正在进行出发技检的编发线，应将该线两端道岔扳向不能进入该线位置并加锁。

列车出发时，由于编发线中间线段未架设接触网，所以，列车起动后，后部补机应立即降弓通过无网区，由本务机车牵引列车，待后部补机进入有网区后再升弓受电，推送列车进入区间。

15. 站内设有分相绝缘时，利用正线进行调车应如何办理？

答：在单边供电的条件下，牵引变电所之间的接触网是用分相绝缘断开为两个不同相序的供电臂。另外，牵引变电所及分区亭所在站，一般设有分相绝缘。而且，分相绝缘为 18 m 或 30 m 长度的无电区。

电力机车运行至分相绝缘前,必须切断电源,断电通过分相绝缘(无电区)后再合上主断路器,接通电源后继续运行。

分相绝缘器一般设在进站信号机外方适当位置,便于站内调车作业和列车在进站信号机外停车后起动。但是,由于各种原因,尚有一部分分相绝缘器设在站内(进站信号机内方),致使电力机车在该站利用正线进行调车作业时(包括越出站界和跟踪出站调车),有可能往返多次越过分相绝缘器。为防止电力机车断电滑行时,停于分相绝缘器无电区内,保证调车作业安全,应注意以下几点:

(1)在中间站印制的调车作业通知单(示意图)中,应注明分相绝缘器与有关信号机或最外方道岔尖轨尖端之间的距离(容车数),便于司机及有关调车人员掌握。

(2)当出站方向为平道或上坡道,牵出车列时;或当出站方向为下坡道,向站内推送车列时,电力机车司机应在断电标前加速运行,以便积蓄动能闯过分相绝缘器,防止电力机车断电滑行时,闯不过上坡道而停于分相绝缘器无电区内。

(3)为防备电力机车因加速运行、闯过分相绝缘而越过进站信号机(站界标),危及行车安全。有的铁路局规定,凡是分相绝缘器设在进站信号机内方的车站,利用正线进行调车时,无论带车多少,均按越出站界调车或跟踪出站调车的有关规定办理。

16. 如何确认停送电?

答:(1)行车调度从供电调度得到的停电信息。

(2)从驻站联络员处得到停电信息。驻站联络员得到信息的途径是供电调度员发令给作业组要令人员,发布停电时间、停电范围,要求完成时间等要求。作业组要令人向作业组工作领导人汇报,工作领导人通知驻站联络员和防护人员、地线监护人员接触网设备停电。

(3)作业组完成作业,工作领导人确认具备送电条件后,通知要令人向供电调度员汇报作业完成,该作业组消除作业命令。

(4)供电调度员完成确认送电条件流程后,送电,设备正常,向行调汇报供电恢复。

此时车务部门可从行调得知供电恢复。同时可从驻站联络员处得到供电恢复的确定信息。

17. 什么是“长竿钓鱼”的调车方法？在什么情况下采用？

答:所谓“长竿钓鱼”,系指电力机车推送一定数量的车辆作为“钓鱼竿子”,使车辆进入无网区(或接触网临时停电的线路)进行摘车、挂车、对货位或担当救援,而电力机车本身并不进入无网(电)区,始终保持在接触网供电的条件下进行调车作业的一种方法,如图 5-3-1 所示。

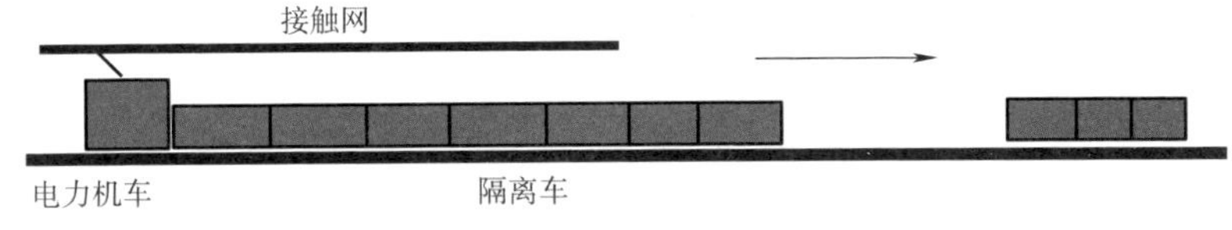

图 5-3-1　长杆钓鱼调车作业示意图

采用“长竿钓鱼”的调车方法,存在一些不安全因素,而且有可能增加带车数,一般不宜采用。只有在电力机车必须进入无网(电)区摘挂车辆或担当事故救援等特殊情况下才能采用。

为什么电力机车需进入无网区进行摘挂车辆或对货位呢?因为在我国一些电气化铁路车站的货物线、专用线上装有跨线式起重机(如龙门吊)、装(卸)车机、漏斗仓等装卸机械,这些线路或线段上空不宜架设接触网;另外,还有一些油库线、危险品、爆炸品仓库线等,为防止机车受电弓碰触接触网时产生的火花,引起火灾和爆炸,均不应架设接触网。这些车站如果未配置内燃调车机车,需由电力机车担当上述线路(货区)摘挂车辆或对货位等调车作业时,只好采用“长竿钓鱼”的调车方法。

同理,当电力机车担当事故救援,进入无电(网)区域挂取事故机车、车辆时,也常采用“长竿钓鱼”的调车方法。

18. 采用“长竿钓鱼”的调车方法时,应注意哪些安全事项?

答:采用“长竿钓鱼”的调车方法要注意以下几点:

(1)要有足够数量的车辆作“隔离车”,保证“钓鱼”的竿子有足够的长度。当电力机车推送车辆进入无网区或无电区进行调车作业时,应保证电力机车受电弓与接触网终点标或分段绝缘器之间保持 10 m 的安全距离。

因为接触网终点标设在接触网终点边界上。分段绝缘器设在货物装卸线上，大多配合隔离开关使用。开关闭合时，货物线的接触网有电；开关断开时，货物线的接触网无电。因此，当电力机车连挂的“隔离车”(钓鱼竿)长度不够或因推送速度过高而制动不及时，均有可能造成电力机车本身进入无网区或无电区而“寸步难行”。当隔离车不够时，挂车可用手推调车法使待挂车向外移动；具备溜放调车的车站和线路，摘车时可使用单钩溜放调车法。

(2)严格掌握推送速度。调车指挥人应站在适当地点，根据机车受电弓与接触网终点标或分段绝缘器的距离，并根据调车车列前端与停留车距离，正确、及时地向司机显示十、五、三车距离信号，正确掌握推送速度，及时减速、制动停车，严防电力机车进入无网区或无电区。

(3)调车作业通知单另附的示意图上注明接触网终点标或分段绝缘器与无电区内停留车之间的距离，以及它们与有关调车信号机或最外方道岔尖轨尖端之间的距离，用于确定“隔离车”数，并便于司机和调车指挥人掌握推送距离和速度。

19. 在带电的接触网下使用人力制动机有哪些要求和限制?

答:为保证调车人员与牵引供电设备和电力机车的高压带电部分保持 2 m 以上的距离，所以在带电的接触网线路上进行调车时，禁止登上棚车(在区间和中间站禁止登上敞车和棚车)使用人力制动机，编组、区段站在接触网高度为 6 200 mm 及其以上线路上准许使用敞车人力制动机时，不准踏在高于人力制动机脚踏板的车帮上或货物上。

为了保证在带电的接触网下使用人力制动机的安全，根据我国铁路各种货车人力制动机踏板台的最高高度、调车作业人员的最高高度(包括手持信号旗高举后的高度)，溜放作业前应做好以下几项工作:

(1)做好人力制动机的检查与选择，并在未挂接触网的牵出线上认真进行试闸(必要时还要磨闸)，严防在溜放作业中发现人力制动机不良而在带电接触网下跨越车辆，到其他制动台上拧闸。禁止在带电接触网下试闸和显示试闸好了等信号。

(2)认真检查溜放线路上方的接触网导线上是否挂有线头、绳索等。

如在带电的接触网导线上悬挂有物件，危及作业人员安全时，立即停止该线路的溜放作业，并通知接触网工区派人前来处理，严禁碰触悬挂物件。

(3)在挂有接触网线路上实施溜放及防溜作业时，应注意以下几点：

①禁止使用棚车、家畜车、机械冷藏车、毒品车等高踏板车辆的人力制动机。

②接触网高度在 6 200 mm 以下的线路上禁止使用敞车类的人力制动机。

③新型及其他类型的车辆，当不能保证与接触网保持 2 m 安全距离时，禁止使用其人力制动机。

④严禁攀登车顶及踏在高于人力制动机踏板台的车帮、车梯、装载的货物上使用人力制动机。

20. 为什么接触网未停电的线路上，禁止对棚车、敞车进行手推调车?

答：手推调车须取得调车领导人的同意，人力制动机作用必须良好，有胜任人员负责制动。手推调车速度不超过 3 km/h。为保证使用人力制动机的胜任人员与接触网带电部分保持 2 m 以上的安全距离，电气化铁路有关人员《电气安全规则》规定，禁止在接触网导线较低的区间、中间站使用棚车、敞车类高制动台的人力制动机，平车、罐车不受此限；接触网导线较高(6 200 mm)的技术站，禁止对棚车类使用人力制动机。

21. 登乘电力机车调车作业时，必须执行什么规定?

答：必须执行停车上、下的规定。

第六篇　信 息 篇

第一章　信息基础

1. 计算机病毒主要有哪些传播途径?

答:计算机病毒传播途径有移动存储设备(如 U 盘、移动硬盘等)、网络传播(弱口令、网络共享、漏洞等)、邮件传播等。

2. 铁路局管内指定安装的杀毒软件是什么?

答:Mcafee 防病毒软件和金山毒霸。

3. 计算机病毒的主要特点是什么?

答:传染性、隐蔽性、潜伏性、破坏性、不可预见性等。

4. 铁路局对计算机防病毒工作是如何要求的?

答:所有计算机应当安装并运行统一规定的网络版计算机防病毒产品。

5. 为减少病毒的感染,各生产岗位计算机禁止使用什么设备来交换文件资料?

答:U 盘、移动硬盘等移动存储介质。

6. 按拓扑结构与覆盖范围两方面,网络如何分类?

答:(1)按网络覆盖范围分类:局域网(Local Area Network,LAN),城域网(Metropolitan Area Network,MAN),广域网(Wide Area Network,WAN)。

(2)按拓扑结构分类:总线型结构,环型结构,星型结构,树型结构,网型结构。

7. 常见的网络设备有哪些？

答：网卡、集线器、交换机、网桥、路由器。

8. 在 windows 操作系统命令提示符下查看本机 IP 地址的命令是什么？

答：ipconfig。

9. windows 操作系统中测试计算机与计算机之间网络是否连通的命令是什么？

答：ping 命令，长时间网络是否联通，使用 ping 目标 IP 地址 -t。

10. 太原铁路局计算机信息网络 IP 地址管理的基本要求是什么？

答：作为铁路信息网络的重要信息资源，太原铁路局计算机信息网络 IP 地址管理遵循唯一性、连续性、可扩充性、可管理性和安全性的原则，实行统一规划、分级管理、分级负责。

第二章 信息机房

1. 信息机房配电柜(箱)应具备两路电的什么功能？

答：自动切换功能。

2. 信息机房配电柜(箱)具备两路电的自动切换功能，配置显示灯、指示表，空气开关及内部配线，安装防雷、外电监测以及什么装置？

答：断电报警装置。

3. 信息机房网络机柜外壳应与什么设施连接，网柜内电源连线和网络连线应分开绑扎，减少干扰？

答：保护地线。

4. 信息机房的安装的大门有什么要求？

答：安装密闭防火、防盗门。

5. 信息机房配备消防器材有什么要求?

答:信息机房应配备 1 kg/5 m^2洁净气体灭火器。

第三章　铁路车站综合管理信息系统

1. 铁路车站综合管理信息系统的作用是什么?

答:铁路车站综合管理信息系统(SMIS2.6 版)主要作用是将车站运输指挥作业全流程信息化,实现车站作业标准化,提高车站运输生产安全性,提高车站作业效率和运输生产效益,降低作业人员综合劳动强度,推动铁路运输生产经营管理上效益上水平。

2. 铁路车站综合管理信息系统有几大功能?

答:铁路车站综合管理信息系统(SMIS2.6 版)目前主要有两大功能:一是利用信息化手段提高车站运输生产作业的准确性及效率、降低作业人员劳动强度;二是通过上传报告的方式实现车站站内车辆、货物等变化信息的实时上传,使总公司、铁路局相关信息系统能够掌握车站的作业状况,并为其他系统提供数据共享。

3. 如果铁路车站综合管理信息系统发出打印指令后,打印机没有进行打印,岗位人员首先应该进行哪些最基本的排查?

答:岗位人员应该按照下述步骤进行基本的排查:

(1)检查打印机的电源是否打开;

(2)检查网络打印机的网线是否松动、本地打印机的数据接口线是否正常连接到了计算机,如不正常则重新插拔,确保状态正常;

(3)检查点击打印时选择的打印机或者默认的打印机是否为目标打印机,如不是则重新选择目标打印机;

(4)使用鼠标双击“计算机桌面”右下角的打印管理器,打开打印管理器,检查是否有堆积的任务,如有任务堆积则单击每个打印任务并右击选择“取消”,逐个删除任务,重新进行打印;

(5)选择打印管理器的“打印机”菜单，检查在“暂停打印”和“脱机使用打印机”选项前边是否打有对勾，如有则点击对勾以去掉对勾。

排查并解决完以上问题后若还未进行打印，则联系相关专业技术人员进行处理。

4. 铁路车站综合管理信息系统计算机的显示器黑屏，岗位人员应做哪些基本的排查工作？

答：(1)检查显示器电源是否打开；

(2)检查显示器电源线两端的插头是否有松动；

(3)检查显示器指示灯是否为黄色，如为黄色则检查是否为待机状态，如为待机状态则按任意键退出待机状态；如不是待机状态，则检查显示器数据线两端的联接是否有松动。

排查并解决完上述问题后，如问题还未得到解决，则联系相关专业技术人员进行处理。

5. Mcafee 杀毒软件的病毒库日期如何查看？

答：使用鼠标右键单击计算机右下角的 Mcafee 图标，点击“关于 Viruscan Enterprise(s)…”，查看 DAT 的创建日期，即可获知 Mcafee 的最新病毒库日期。如该日期较旧则通知相关专业技术人员处理。

6. 岗位人员登录铁路车站综合管理信息系统时应检查什么？

答：(1)使用鼠标双击计算机右下角任务栏中的时间，检查登录的计算机系统时间是否与当前时间吻合；

(2)检查计算机右下角任务栏的小电脑图标是否显示含有红色小“×”，如含有红色小“×”，则检查网线是否有松动现象、鼠标右键打开桌面上的“网上邻居”图标检查“本地连接”是否被禁用；

(3)启动铁路车站综合管理信息系统客户端界面输入用户代码后，检查“班别”、“班次”、“日期”是否与当前实际情况吻合；

(4)检查键盘中的某个键是否有一直被压下的现象。

7. 车号识别系统 ATIS 信息接入铁路车站综合管理信息系统的车站，在预报转到报界面中“匹顺”中出现的“＋”、“－”和“ * ”分别代表什么意思？

答：出现的“＋”代表：ATIS 系统中加入的车辆；

“－”代表：ATIS 系统没有的车辆；

“ * ”代表：用户编辑时加入的车辆。

8. 在铁路车站综合管理信息系统中进行预报转到报界面时，车种一栏出现了“?”，代表什么意思、怎么处理？

答：车种栏出现的“?”意思为接入的车辆的车种信息在铁路车站综合管理信息系统的车种字典中没有找到。去除“?”的方法：鼠标放在任意一行的车种信息栏上，右键点击“删全部车种‘?’”，即可去除全部车种中带有的“?”，然后再录入或更改为该车辆的真实车种类型。

9. 铁路车站综合管理信息系统为什么要绑定运行线后接发车？

答：因开行的列车根据编组情况经常会在前方站停靠并进行作业，该列车的编组会不断发生变化，只有通过车站接发车时绑定相应运行线才可方便地将该车的运行线与该车的实际编组关联起来，使调度所、车站等相关人员跟踪列车变化情况，精确指挥下一步运输生产。有值班员报点模块的编组站，在值班员进行点条报点绑定运行线后，车号岗位人员接入该列车时需要再次对值班员绑定的运行线进行核对，检查各项信息无误后将列车接入股道。

10. 铁路车站综合管理信息系统计划场和实际场如果显示不一致，是什么原因造成的？

答：有两种原因：一是车站区长或者站调编制了钩计划，但没有执行，会造成计划场和实际场显示不一致；二是计划场实际场同步进程丢失或者长时间工作后产生运行错误，通知站段信息技术人员登录本单位数据库服务器，重启进程后即可恢复。

11. 什么类型的车站在铁路车站综合管理信息系统中需要先报点后接车?

答:在编组站或者采用大站模式的铁路车站综合管理信息系统中进行作业时,需要车站值班员先进行报点,之后车号岗位再进行接发车。一般的中间站在使用该系统作业时,接发车前不需要进行报点。

12. 什么时候执行取消列车作业?

答:当接错车或者与实际接车情况不符时,需要执行取消执行列车操作。取消列车接入要满足以下几个条件:取消列车的人员必须是接入列车的岗位人员,取消接入的股道没有再接入其他车辆,股道里的列车状态为待解或直通。原则上不允许直接利用股道现车修改功能删除接错的列车,因为这样导致接错车再无法接入股道。

13. 遇到需要接发没有运行线的小运转或其他列车时怎么办?

答:根据总公司要求,在铁路车站综合管理信息系统里接发车必须绑定运行线,否则无法进行接发车操作。遇有没有运行线的列车需要接发时,在"到报转入股道"或"执行列车出发"界面中"运行线 ID"上点击右键,选择"加运行线"菜单,即可手动添加运行线,保证接发车正常进行。

14. 在交接班时钩计划岗位要注意什么?

答:使用钩计划功能的岗位人员应该在本班结束时执行完本班编制的所有计划。交接班时,如果有未执行的钩计划,可以进行"执行计划"或者"删除计划"操作,然后再进行交接班操作,避免交接班后虚实场不相符,造成现场混乱。

15. 铁路车站综合管理信息系统产生的报告主要有哪几类?

答:目前铁路车站综合管理信息系统(SMIS 2.6 版)产生的报告主要有以下八类:到达报告、出发报告、解体报告、编成报告、装车报告、卸车报告、保留/解保留报告、股道车辆报告。岗位操作人员直接看不到报告的产生情况,但可通过总公司或路局的网页查看报告的各项指标完成情况。

16. 铁路车站综合管理信息系统目前的八类报告分别是在什么环节产生的?

答:到达报告是在车号员岗位进行到报转股道时点击“转入”时产生;

出发报告是在车号员岗位进行执行列车出发操作时点击“出发”产生;

解体报告、编成报告是在执行钩计划时产生;

装车报告、卸车报告是货调岗位在填写完装卸 4 个时间中的任何一个或几个时间后点击“保存”时产生;

保留/解保留报告是在车号员在进行预报转到报勾选“保留”选项或者修改到报时勾选“保留”选项后,执行到报转股道时点击“转入”时产生。

股道车辆报告是由铁路车站综合管理信息系统自行定时产生,与岗位人员操作无关。

17. 车站作业中到达、出发、装车、卸车报告的完整率主要是指什么?

答:简单地说,到达、出发报告完整率指的是车站接发列车时绑定正确的属于本站终到或者始发的列车运行线数量,与调度所下达的属于本站终到或者始发的列车运行线数量之间的比值。

装卸报告完整率指的是从昨日 18 点开始至今日 18 点为止(或者某一个阶段的起始 18 点至阶段末期的 18 点),本站货调人员进行铁路车站综合管理信息系统装卸车作业时填写的装卸作业结束时间在上述时间区段所产生的有效装卸报告数量,与当日(或该阶段)该站通过 18 点系统上报的装卸车数值进行比较后得到的值。

18. 使用铁路车站综合管理信息系统装卸模块完成作业后需要做什么检查?

答:填记完成铁路车站综合管理信息系统货调程序中的装卸作业 4 个时间点并保存后,需要在每次填记的若干个时间中的最后一个时间的 1 h 内,打开货调程序的“货调毛玻璃”,在右侧的主界面上用鼠标点击右键,执行装卸报告检查并发送报告,保证每次保存的报告能够全部生成并发送到上级部门。

19. 在运行线补绑程序使用上要注意什么？

答：运行线补绑程序左侧界面是从路局 CTC/TDCS 系统接收到的列车运行线，右侧显示的本站收发的确报。补绑时要先选定左侧的运行线，再选定右侧的对应车次的确报，之后选择“绑定”菜单即可，而不能反过来选择。要定时关注列车接发车情况和补绑程序中未绑定的运行线情况，在列车到发 1 h 内及时进行补绑操作。

20. 如何保证列车到发报告及时率达标？

答：岗位人员要在实际列车到、发时间的 1 h 内在系统里进行接发车操作，即可保证到发报告及时率达标。

21. 如何保证解体、编成报告及时率达标？

答：编组站：对于编组或解体类型的钩计划，在区长填写报点时间后，助调等钩计划执行岗位在区长填记的时间 1 h 内执行钩计划。

中间站：对于编组或解体类型的钩计划，计划编制人填记的钩计划结束时间的 1 h 范围内，执行该计划所产生的报告即为合格的解体、编成报告。

其他类型的钩计划不产生解体、编成报告。

22. 如何保证装卸报告及时率达标？

答：货调人员在用铁路车站综合管理信息系统货调模块进行装卸作业时，根据作业实际情况每次需要填记入线、开始、结束、出线 4 个时间中的若干个时间，只要保证每次填记的时间中的最后一个时间在填记时的系统时间 1 h 范围内，即可保证生成的装卸报告及时率达标。

如果因为网络通道等其他原因造成装卸报告没有生成或者没有发送成功，在货调毛玻璃进行装卸报告检查时，检查时的系统时间也必须在每次填记的所有时间中的最后一个时间的 1 h 范围内。这样才能保证每次生成、传送的报告及时率达标。

23. 各车站每日分阶段向路局计划台上报什么信息？

答：站存车信息。

24. 如何实时签收值班主任命令与客调调度命令?

答:由于调度命令在命令平台中只保存 1 h,如果自发令起 1 h 内没有开启程序或程序异常,则无法签收调度命令,解决方法为启动程序后联系发令人重新发令。

25. 什么是运输信息集成平台?

答:运输信息集成平台整合了铁路局 CTC/TDCS、调度系统(TDMS)、货票、确报、车号识别(ATIS)、货运计划(FMOS)、编组站系统(SMIS2.6)等多个应用项目的信息资源,对列车、车辆、货物全生命周期进行了完整描述,实现了全部信息的互联互通、资源共享,为全路、全局更好地组织运输生产提供了可靠地信息保障。

26. 运输信息集成平台网址是多少?

答:http://10.72.3.162:90。

27. 运输信息集成平台与铁路车站综合信息管理系统之间的关系是什么?

答:铁路车站综合信息管理系统(SMIS2.6)是目前我局车站使用的主要信息系统,车站系统通过发送到达、出发、解体、编成、装车、卸车报告的方式为运输信息集成平台提供信息。但运输信息集成平台的信息来源还有货检、ATIS 等其他信息系统。

28. 行调查询系统作用是什么?

答:行调查询系统用来显示路局调度所各个调度台下达的列车计划和列车的实际运行情况,为车站运输指挥作业和生产提供准确信息。

29. 行调查询系统的网址是什么?

答:http://10.72.2.97/login.jsp。

30. 行调查询系统有时候会有实际运行线更新不及时的现象,该如何处理?

答:一般情况下,发生此类问题后,需要岗位作业人员联系本站段的信息技术人员，由信息技术人员汇报路局信息技术所调度值班，对有关进程进行操作，之后即可恢复正常显示。

31. 操作人员外出离开岗位时，应先做什么操作？

答：当信息系统操作人员外出时，应退出运行的程序，以免被他人误操作，造成数据不准确，返回后再重新登录系统。

32. SMIS2.6 系统确报到发操作流程？

答：

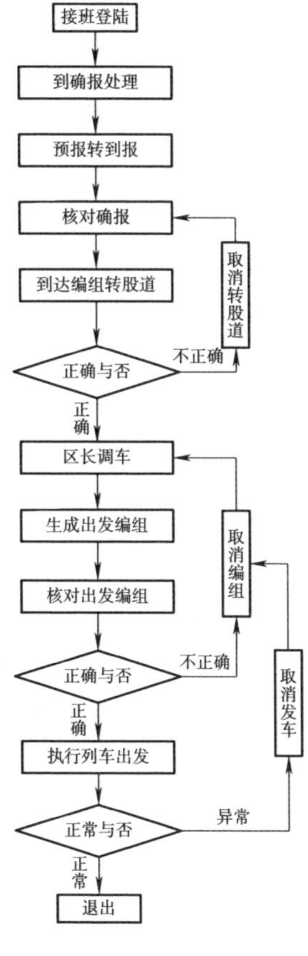

图 6-3-1

33. SMIS2.6 系统钩计划操作流程？

答：

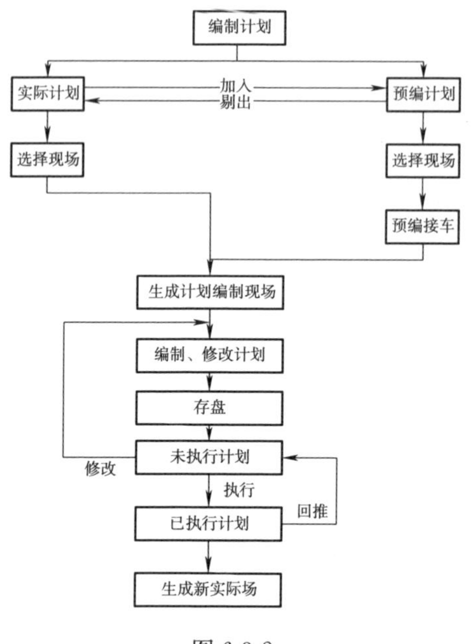

图 6-3-2

第七篇　车务自管设备篇

第一章　货车列尾装置

1. 列尾装置(图7-1-1)“机车号”、“列尾主机ID”、“一对一关系”、“连接”、“断连”、“消号”等术语是如何定义的?

答:机车号:永久标识牵引机车的号码(含车型代码和编号,共8位),机车号在全路管辖范围内是唯一的。

列尾主机ID:永久标识列尾主机的号码(含生产企业代码和设备序列号,共6位),列尾主机ID在全路管辖范围内是唯一的。

“一对一”关系:司机控制设备与列尾主机建立唯一的通信连接关系。

连接:司机控制设备已与列尾主机建立“一对一”关系。

断连:司机控制设备断开与列尾主机的连接,清除已保存的列尾主机ID。

消号:司机控制设备和列尾主机同时解除“一对一”关系。

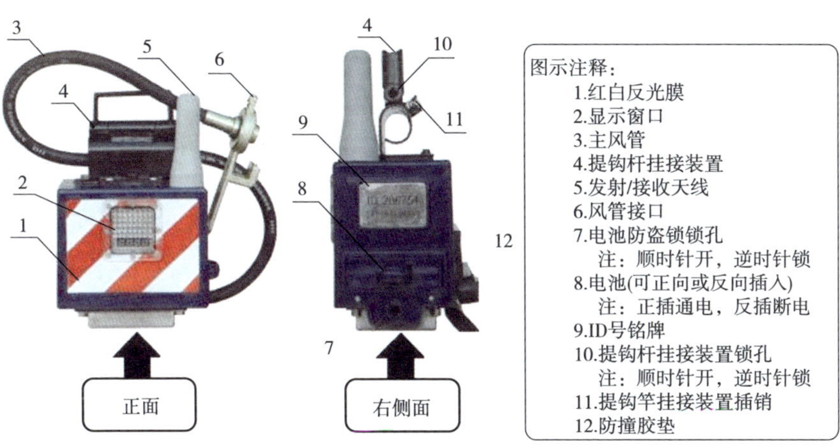

图7-1-1　列尾装置

2. 列尾装置“一对一”关系的建立有哪几种方法?

答:列车在安装列尾装置后,列尾主机与司机控制设备要建立“一对一”关系,主要有两种方法:(1)通过机车号确认仪对列尾主机置入机车号码来建立“一对一关系”。(2)通过司机控制设备对列尾主机发出的确认信号确认来建立“一对一”关系。

3. 消除列尾装置“一对一”关系有哪几种方法?

答:列车在摘卸完列尾装置后要及时消除列尾装置“一对一”关系,主要有两种方法:(1)通过司机控制设备对司机控制设备和列尾主机进行消号,司机控制设备与列尾主机同时消除“一对一”关系。(2)对司机控制设备进行断连,司机控制设备清除已保存的列尾主机 ID 号码,列尾主机的“一对一”关系不变。(3)对列尾主机断电,但不能清除司机控制设备与列尾主机的“一对一”关系。

4. 列尾主机的检测,除了利用检测台进行电气性能检测外,还应包括哪些内容?

答:利用检测台无论手动测试或自动测试,只是对列尾主机的电气性能指标进行检测。还应检查列尾主机外观结构是否完整、固定螺钉是否齐全、防盗锁具是否开锁正常、底座挂钩是否正常等;观测列尾主机天线场强(即,列尾主机发射时,观看简易场强计的指针偏移幅度>1/2);测试低光度时列尾主机的闪光标志(可用手捂住标志灯数秒钟,列尾主机标志灯应能正常闪亮。闪亮频率约每秒钟一次。)

5. 列尾装置附属设备主要有哪些?

答:为确保列尾装置正常使用,需配置维修、检测、保养等附属设备。主要包括:列尾主机检测台(图 7-1-2)、电池充电器、机车号确认仪(图 7-1-3)、屏蔽室、列尾中继器(图 7-1-4、图 7-1-5)、信息管理系统、司机控制设备检测仪等。

6. 列尾装置的常见故障主要包括哪两类?

答:列尾装置的常见故障分为结构故障与电路故障两大类。结构故障是指由于操作不当或剧烈震动造成活动部件与连接件失效而引起的故障，如钩头锁损坏变形、电源极片变形或断裂、插头插座松动、旋钮位置偏移、风管接头漏风等。电路故障产生的原因主要出自主控板、闪光板，此类故障出现的机率较小，需借助一些检测仪器，并参照技术指标进行判断与维修。

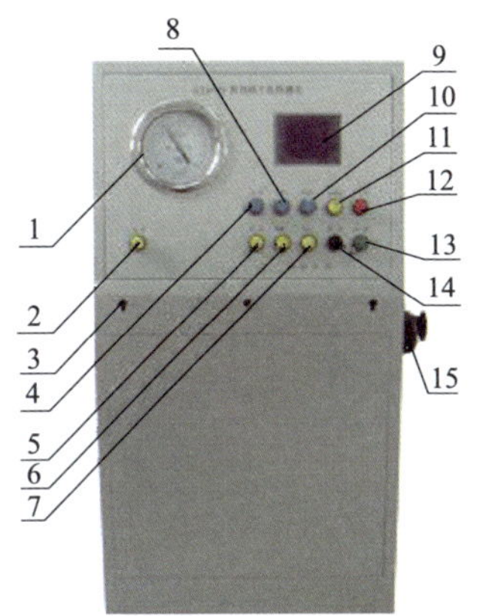

图示说明：

1. 压力表
2. 电源开关
3. 记录台板安装孔
4. “自动”按键
5. “模式”按键
6. “校准-”按键
7. “风压-”按键
8. “校准+”按键
9. 液晶显示器
10. “风压+”按键
11. “低电压”按键
12. “排风”按键
13. “查询”按键
14. “输号”按键
15. 风管接口

图 7-1-2　列尾主机检测台

图示说明：

1.开/关/音量旋钮
2.通话键(PTT)
3.侧键1(呼叫司机)
4.侧键2(呼叫车站)
5.P1键(查询风压)
6.P2键(输号/确认)
7.信道选择旋钮
8.向上键(查询本机车号)
9.向下键(消号)
10.数字键(0至9；功能组合键)
11.*键(机车号设置/时间设置/功能组合键)
12.#键(查询时间/功能组合键)
13.天线
14.麦克风

图 7-1-3　机车号确认仪

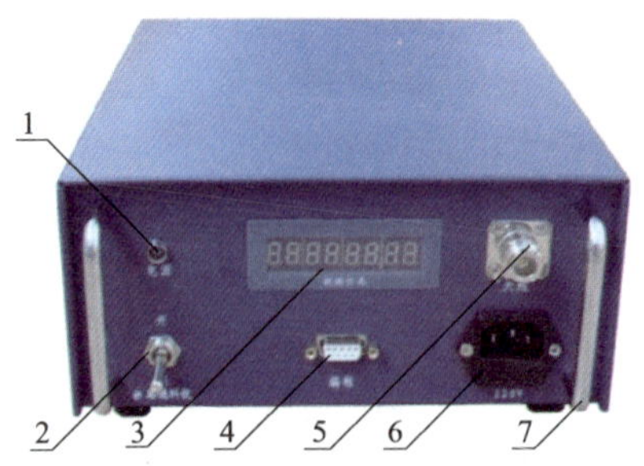

图示说明：
1.电源指示灯
2.电源开关
3.数据显示窗口
4.数据下载接口
5.天线接口
6.交流电源接口
(集成保险管)
7.提手

图 7-1-4　列尾中继器

图示说明：
1.LCD
2.USB接口
3.喇叭出声口
4.提手(1对)
5.OK/CON按键
6.UP按键
7.DOWN按键
8.CANCEL按键

图 7-1-5　列尾中继器

7. 列尾装置“一对一”不能建立时需检查的事项?

答:始发列车“一对一”关系不能建立的检查事项包括:检查机车信号是否占用(机车号确认仪或司机控制盒红灯长亮或长闪);机车司机按压司机控制盒黑键后是否有提示;司机控制盒能确认,但报出两个及其以上风压;是否存在司机操纵端不能确认,另一端能确认现象;司机控制盒是否报“风压 789”(仅限有司机控制盒检测点的车站)等。

8.“一对一”关系不能建立时,可采取哪些解决方式?

答:“一对一”关系不能建立时,可采取以下解决方式:重新安装电池;断开软管重新置号;往机车方向移动列尾主机;利用无线确认仪在机车处进行试验;更换列尾主机;移动机车或车列等。

9. 列尾装置建立了"一对一"关系,但司机控制盒报风压与机车显示不一致(相差 20 kP 以上),如何处理?

答:(1)对列车进行充、排风,查看列尾风压与机车风压是否同升同降,不同时,可判定为机车查询到的是非本列车安装的列尾主机风压(站内有置入相同机车号的列尾主机或是与机车建立"一对一"关系的列尾主机挂在其他列车上),立即进行查找并进行断电处理;(2)列尾风压与机车风压同升同降时,应检查尾部折角塞门是否全开、列尾主机软管是否堵塞或车辆是否漏风等;(3)上述方法均不能奏效时,可判定为列尾主机故障(风压反馈精度异常),须立即更换列尾主机或汇报列车调度员按指示办理。

10. 列尾装置建立了"一对一"关系,列尾主机排风量不足 50 kP,如何处理?

答:(1)检查列尾主机软管防尘网是否堵塞,是否有油污等物;(2)对列车再进行一次排风试验,若排风试验仍不正常,更换主机。

11. 列尾装置建立了"一对一"关系,列尾主机有风压,但司机控制盒报"风压 000",如何处理?

答:(1)检查机车与车辆软管是否连结、列车尾部折角塞门是否开启;(2)检查本务机车上或相邻机车上、站内是否有未断电主机;(3)对列尾主机消号再重新置号。上述方法均不奏效时,可判定为列尾主机故障,须立即更换列尾主机或汇报列车调度员按其指示办理。

12. 列车运行中查询列尾主机风压时有时无,如何处理?

答:(1)对司机控制盒反复开关再进行查询;(2)如运行至固定区段常出现此问题或司机控制盒红灯长亮或长闪,可判断为信号干扰所致,列车通过干扰区段后查询风压正常后,可继续运行;(3)如仍然出现查询列尾主机风压时有时的现象可运行至前方站停车检查,查看列尾中继器、列尾主机电池电量是否充足,天线是否损坏;(4)有列尾机车号确认仪的车站如发现确认仪红灯长亮或常闪或使用机车号确认仪在列车尾部能查询到列尾风压，使用机车号确认仪在机车上查询不到列尾风压（无机车号确认仪的车站可将列尾主机向机车方向移动，离机车近距离可查询列尾风压），此现象非列尾故障为信号干扰或屏蔽，报告列车调度员并按其指示办理。排除上述情况后，可基本判定为列尾主机内部配件虚接，更换列尾主机。

13. 为什么更换机车后不能建立新的"一对 一"关系？

答：当列车主风管风压大于 560 kP（主管压力 500 kP 时为 460 kP），列尾主机不能建立新的"一对 一"关系，必须通过断开列尾主机与车辆的风管进行放风，然后再对列尾主机进行通电，机车接收到信号后按压司机控制盒的黑键，就可以建立新的"一对一"关系了。

14. 可控列尾主机输不了号、上不了网，如何处理？

答：(1)检查站内或到达、回送的同一机车号可控列尾主机（图 7-1-6）未断电。特别是检查 2 万 t 空车到达的可控列尾主机是否在断电状态。(2)可控列尾到达后，必须立即现场进行断电（电池开关关闭），方可开始其他作业。

图 7-1-6　可控列尾主机

15. 单元万 t 列车组合成 2 万 t 列车时，本务机车无法与可控列尾装置建立"一对一"关系，如何处理？

答：(1)利用司机控制盒（图 7-1-7）对主控机车 OCU 进行注册上网

(图 7-1-8)。(2)利用机车 LOCOTROL 系统对主控机车与从控机车建立DP 连接。(3)查询司机控制盒显示屏显示可控列尾主机号是否准确。

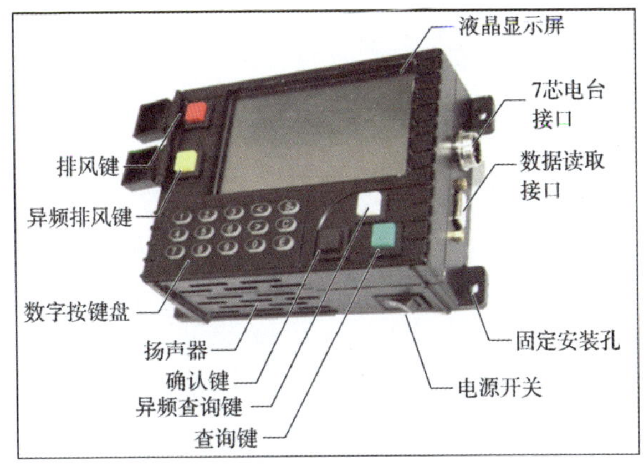

图 7-1-7　司机控制盒

图 7-1-8　注册上网

16. 可控列尾机车号确认仪无法置入列尾主机号,如何处理?

答:(1)置号时应先打开确认仪,然后给主机通电(注:列尾主机通电后风管风压必须小于 560 kPa),主机显示“-HH-”,表示处于置号模式。每次置号主机都计时 25 s,若没有接收到任何置号信息,主机跳出置号模式,启动 TCU 注册。(2)按功能键 F5 键进入输入主机号界面,屏幕显示“请输入主机号:”和“K”。主机号为 4 位。需输入完整后方能按“确认”键发射,否则视为“输入有误!”。提示“输入有误!”。(3)输入完毕后按“确认”键发射数据。发射开始显示灯亮,发射完毕显示灯灭。发射完毕确认仪进入接收主机数据模式，并计时 3 s。3 s 内确认仪接收主机返回的数据如果正确，确认仪在屏幕第三行显示所返回的号码，并在第四行显示此次设置状态“设置成功!”；3 s 内如果没有返回数据或是返回数据错误，在第四行显示此次状态“通讯失败!”，再按“确认”键可向主机重发刚才的数据信息。

17. 可控列尾机车号确认仪无法查询列尾主机状态，如何处理?

答:(1)按功能键 F3，若主机此时处于允许查询状态，确认仪接收到数据信息并在屏幕上逐项显示，接收到的数据信息较多，一页屏幕显示不下，此时可按功能键“F6”进行来回翻页查看；若主机处于不允许查询状态，确认仪屏幕显示“请检查主机状态!”。(2)屏幕显示机车号有两个，斜杠前为主机车号，斜杠后为从机车号；屏幕显示风压值有两个，斜杠前为传感器 1 的风压，斜杠后为感器 2 的风压；屏幕显示电量值有两个，斜杠前为电池组单元 1 的电量，斜杠后为电池组单元 2 的电量。(3)风压、电量值显示为“Er”时，表示此风压、电量有误。

第二章　无线调车灯显设备

1. 数字无线调车灯显设备的组成及功能?

答:系统主要由固定设备，机车设备，便携设备及附属设备等组成(图 7-2-1)。系统主要功能:通话功能；调车信令的收发；测机信号功能；录音及录音下载分析功能；调号及人员编号的输入功能。

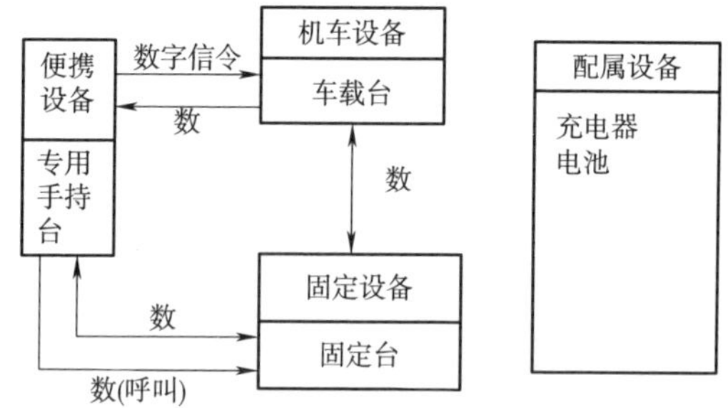

图 7-2-1　数字无线调车灯显设备

2. 平调机控器(图 7-2-2、图 7-2-3)与调车人员手持电台(图 7-2-4)构成一个工作系统,必须具备哪两个条件?

答:一是所有设备的频点一致;二是所有设备的调号相同。频点一致,调号不同时,只有话音,不发信令;频点不同时,既没话音也没信令。

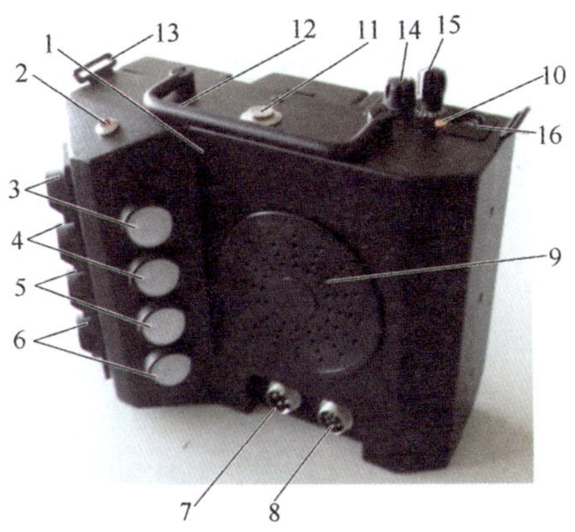

图 7-2-2 便携车载台前面板各部分说明

1—内置麦克风;2—电源灯(电量不足时闪烁);3—红一灯;4—绿灯;5—黄灯;6—红二灯;7—手咪接口;8—内置电台写频接口;9—内置扬声器;10—区域切换按键;11—应急通话键;12—折叠手提把手;13—肩带扣环;14—音量旋钮;15—信道选择旋钮;16—天线接口

图 7-2-3

1—外接灯显接口;2—与机车运行监控记录器连接输出接口;3—综合接口;4—电源开关;5—USB 接口(下载时插入专用 U 盘);6—电池

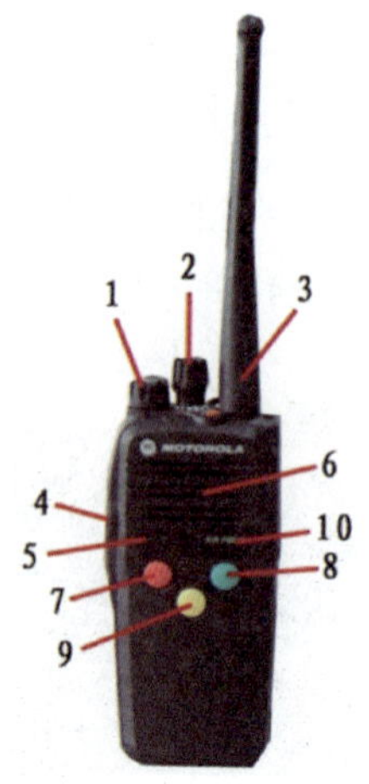

图 7-2-4　调车人员手持电台

1—电源/音量开关；2—信道旋钮；3—本机天线；4—本机 PTT 按键；5—麦克风窗口；6—内置扬声器窗口；7—红色按键；8—绿色按键；9—黄色按键；10—本机型号标识

3. 平调机控器如何安装？

答：(1)机控器在安装前，应在地面进行模拟实验，确认没有问题后才能进行机车安装；(2)将机控器的外接部件(灯显、话盒、天线连接插头等)对应插到机控器前后面板相应标识接口处(图 7-2-5)，接插时注意插头接口位置轻插，以免损坏接口内插针。话盒与机控器为螺旋线连接，插上取下都应拧螺旋线前端的金属插头，不得拧胶皮柱，否则内线将被拧断；(3)使用外接电源时，应检查机车电源电压正常后，再将机控器的电源线接到机车电源输出端；(4)开机时，报系统时间，灯显红一，绿，黄，红二等依次点亮，随后自动报自检通过，调车组号码(图 7-2-6)。

4. 什么是数字平调的信令强插功能？

答：为了保障调车作业安全，调车作业过程中要求调车指令的优先级高于通话。调车组人员进行话音通话时，所有的调车指令都能进行强插，即指令打断话音进行发送，这是模拟制式无法实现的。

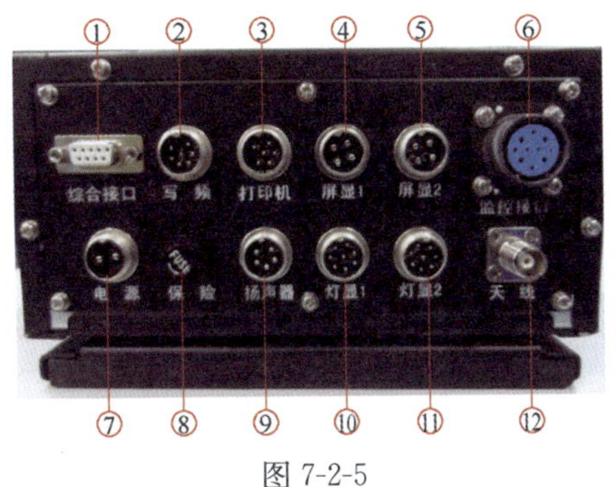

图 7-2-5

1—综合接口(下载程序、PC 设置参数);2—写频接口(电台设置);3—外接打印机接口;
4—外接调单显示屏接口 1;5—外接调单显示屏接口 2;6—外接运记接口;
7—直流 66 V-160 V 电源输入接口;8—电源保险(3 A)

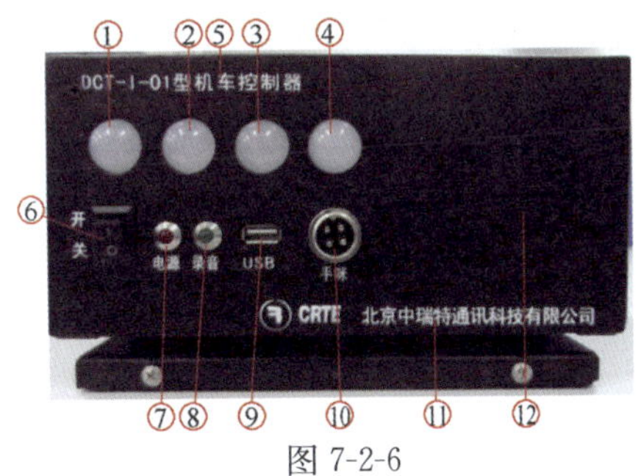

图 7-2-6

1—红一灯;2—绿灯;3—黄灯;4—红二灯;5—型号标识;6—电源开关;
7—电源灯(电量不足时灯闪);8—录音灯(录音时灯亮灭一次);
9—USB 接口(下载时插入专用 U 盘);10—手咪;11—公司名称;12—内置扬声器

5. 如何开/关无线对讲机?

答:顺时针旋转“电源/音量旋钮”开机。对讲机正常操作则会听到自检成功音,同时指示灯显示绿色;若自检失败或者频道钮所指示信道未被设置,对讲机则发出自检失败音。

6. 使用无线对讲机,如何选择信道?

答:对讲机提供 16 个常规信道,未被编程设置的信道将不能使用。左右旋转“信道选择旋纽”来选择所需信道。

第三章　减 速 顶

1. 减速顶的定义?

答:以液压轴和弹性体为介质,安装在钢轨上,通过滑动油缸帽头与车轮接触对车辆起制动、减速作用的设备(图 7-3-1)。

图 7-3-1　TDJ-302 型减速顶

2. 减速顶的分类?

答:按安装方式可分为内侧和外侧减速顶,按功能可分为普通和特殊性能减速顶,其中特殊性能减速顶又可分为可控、单向、高速锁闭等。

第四章　停 车 器

1. DYT 停车器由哪几部分组成?

答:DYT 停车器(图 7-4-1)由执行系统、液压系统、电气系统三部分组成。

执行系统由内轨卡、外轨卡、托梁、伸缩臂、制动轨、行程开关等组成,主要作用是用内轨卡和外轨卡将基本轨停车器的动作机构固结于一体,将溜放车辆的动能传递给液压系统,转换成制动力,作用于车辆轮缘内侧,达到防溜停车的目的。

液压系统由液压控制箱、制动油缸的液压部件、油路的连接部件组成,是液压系统的核心。主要作用是吸收溜放车辆的冗余动能,保持系统给定的制动力，完成防溜制动停车和根据指令进行缓解的功能。

电气系统由电气箱、绝缘、控制元件、表示元件、接线端子等组成，主要作用是按控制系统的指令，控制停车器的动作，反馈设备的工作状态信息、故障信息和有车占用信息，保持线路和设备绝缘。

图 7-4-1　DYT 可控停车防溜器

2. DYT 停车器的工作原理?

答：DYT 停车器不需外部能源，通过小型电机，带动油泵将液压能储存在蓄能器中，平时停车器处于待制动位，当驼峰上溜放下来的车辆车轮进入停车器两制动轨导角后，便挤压两制动轨，使制动油缸活塞回缩。此时由于液压控制模块的作用，已形成了密闭油路，液压油不能排出，使液压系统的压力升高，此压力又通过制动轨反作用与车轮内侧，产生摩擦力矩，阻止车轮的转动，从而达到防溜停车的目的。

缓解时，控制电控集成模块，向制动油缸小腔供油，同时排出制动油缸大腔的液压油，推动活塞向内收缩，停车器处于缓解状态。

第五章　防溜巡检系统

1. 防溜巡检系统的功能?

答：系统具备的主要功能有：(1)无源的 RFID 射频技术结合数字无线通信技术实现铁路防溜作业的电子化；(2)能够科学地监控防溜器具的安装、巡检、撤除等操作；(3)通过系统操作存储防溜记录，取代纸质防溜记录本；(4)便于保存和查询历史操作记录；(5)系统功能具备可拓展性；(6)具有抗外界干扰能力。

2. 防溜巡检系统的组成?

答：主要由防溜监控服务器、区长台、防溜监控手持台、带RFID芯片的防溜器具、人员信息卡等几个部分组成(图7-5-1)。

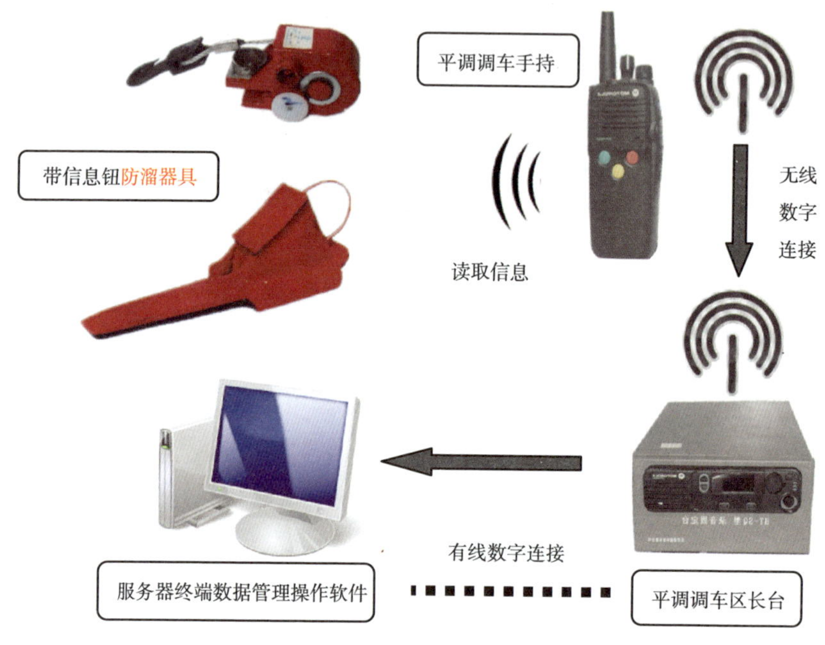

图7-5-1　防溜巡检系统

3. 防溜巡检系统有哪几种模式? 更新防溜器具数据在哪种模式下进行?

答：具有两种模式：(1)用户模式；(2)工程模式。更新防溜器具数据在系统的"工程模式"进行。

4. 无线数字平调手持台按键功能如何操作?

答：(1)手持台按键名称介绍如图7-5-2所示。

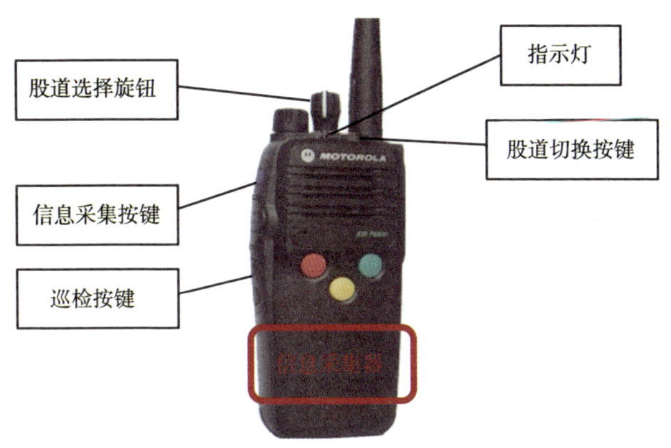

图 7-5-2　手持台

(2)手持台按键作业功能介绍

①股道选择旋钮:根据防溜器具安装股道编号,旋转手持台股道选择旋钮至对应数字,此时手持台会发出股道编号语音提示声。如:信道 1 对应编号 1 股道,信道 2 对应编号 2 股道以此类推。

②股道切换按键:本型号手持台为 16 个信道即表示股道基础编号为 16 个股道,当防溜器具安装股道编号大于基本编号时,只需按一下股道切换键,设备会自动增加 16 个股道编号,再按一下股道切换键既恢复股道基础编号。如:股道为 17 道时需在基础股道状态下按压一下股道切换键,此时信道 1 自动变成信道 17 即对应为股道编号为 17 道,以此类推,手持台会发出股道编号语音提示声。

③信息采集按键:采集防溜器具信息时需按压住此键采集。根据不同采集信息手持台会发出“安装成功”、“撤除成功”“巡检成功”、“核对”、“入库”等不同提示音,同时指示灯闪烁。信息采集失败时手持台指示灯闪烁,同时发出“嘀嘀嘀”提示音。

④巡检按键:连续按两下手持台上巡检按键,手持台会发出“巡检开始”的语音提示,表明设备已开始记录巡检情况。巡检信息采集完毕后再连续按两下手持台上巡检按键,手持台会发出“巡检完毕”语音提示,表明巡检状态结束。

⑤信息采集器:内置于手持台机壳内,通过该采集器读取防溜器具

信息。

⑥带显示屏的手台:带显示屏的手台巡检按键和信息采集器与普通手台不同。巡检按键是长按紫色信息采集按键,信息采集器位于黄色信令按键和喇叭之间。

5. 采集防溜器具信息如何操作?

答:(1)采集安装防溜器具方法

确认防溜器具安装股道后将手持台股道选择旋钮转动到相应股道数位,将防溜器具安装完毕后,按一下手持台紫色信息采集按键,读取安装在防溜器具上的信息钮,当听到“安装成功”语音提示后表示已经将设备安装到该股道及车辆上(图 7-5-3、图 7-5-4)。

图 7-5-3

图 7-5-4

(2)采集撤除已经安装的防溜器具方法

①防盗铁鞋撤除方法：用手持台信息采集器靠近防盗铁鞋底部上的撤除信息钮，按一下手持台紫色信息采集按键，当听到“撤除成功”语音提示即表示该防盗铁鞋已经撤除。防盗铁鞋上加装撤除信息钮的作用在于防止调车作业拉鞋，撤除时必须从钢轨上取下才能读取撤除信息钮(图 7-5-5)。

②人力制动机紧固器撤除方法：用手持台信息采集器靠近人力制动机紧固器上的信息钮一分钟之内连续按压三次及以上紫色信息采集按键均为撤除，当听到“撤除成功”语音提示后即表示该人力制动机紧固器已经撤除(图 7-5-6)。

图 7-5-5

图 7-5-6

(3)调车作业前线路检查方法

调车作业前，线路检查作业人员从运转室离开时，连续按两下手持台上的巡检按钮会听到语音提示“巡检开始”，然后按车站有关规定对防溜器具逐一读取信息，并检查防溜是否做好，当回到运转室后，再连续按两次手持台上的巡检按钮，会听到语音提示“巡检结束”，此时调车作业前线路检查完毕，调车员开始准备调车作业（图 7-5-7、图 7-5-8）。

图 7-5-7

图 7-5-8

（4）防溜器具的巡检方法

按规定时间对停留车辆防溜器具巡视检查，本套设备记录时间为上一次读取防溜器具的时间开始计时。操作方法为连续按两次手持台上巡检按键，当听到语音提示“巡检开始”后表示手持台已经进入巡检状态，然后将车站内各股道防溜器具逐一检查并采集信息，采集信息完毕后再连续按两次手持台上巡检按键，听到语音提示“巡检完毕”后表示巡检状态结束（图 7-5-9、图 7-5-10）。

图 7-5-9

图 7-5-10

(5)防溜器具的收回核对

当防溜器具撤除后放回备品柜时需要进行核对操作,将手持台读取一次防溜器具核对信息钮,再读取需要放回备品柜内的防溜器具信息钮表示该防溜器具收回入库。每收回一件防溜器具都需要先读取一次防溜器具核对信息钮再读取防溜器具信息钮。每次读取防溜器具核对信息钮时都会听到语音提示“核对”表示读取成功,再读取某一个防溜器具时会听到语音提示“入库”表示收回入库成功。

第八篇　高 铁 篇

1. 什么是 ATP?

答:列车运行超速防护系统(Automatic Train Protection,缩写:ATP),为列车超过规定速度时即自动制动的系统。

2. 什么是列车运行控制系统?

答:列车运行控制系统(Train Operation Control System)根据列车在铁路线路上运行的客观条件和实际情况,对列车运行速度及制动方式等状态进行监督、控制和调整的技术装备。

3. 什么是动车组运行故障动态图像检测系统?

答:动车组运行故障动态图像检测系统(简称"TEDS")是利用动态图像采集设备对通过动车组进行图像信息采集、传输、显示、存储、监控、预报故障信息的检测系统,用于对通过动车组运行状态的监控和出入库动车组早期故障的诊断,是动车组运用管理工作的重要组成部分,是确保动车组高速、稳定运行的安全保障。

4. 什么是 CTCS?

答:CTCS 是(Chinese Train Control System)的英文缩写,中文意为中国列车运行控制系统。CTCS 系统有两个子系统,即车载子系统和地面子系统。

5. 中国铁路高速动车组简称是什么? 目前在线运营的大致有哪些型号?

答:中国铁路高速动车组简称 CRH,是英文 China Railway High-speed 的简称。目前在线运营的动车组大致分为两代,第一代以引进消化吸收技术为主(其中有极少数车型进行了深入的创新,如 CRH2C,尤其 CRH2C 二阶段)，第二代又被称为“新一代”，也就是常说的 CRH380 系列。第一代包括 1 系、2 系、3 系、5 系，其中 1 系属于南车与庞巴迪的合资公司 BST，2 系属于南车四方，3 系属于北车唐山，5 系属于北车长客。这里面又分为 A、B、C、E 四个小类（如 CRH2A、CRH2B、CRH2C、CRH2E)，A 代表时速 200 公里 8 辆编组、B 代表时速 200 公里 16 辆编组、C 代表时速 350 公里 8 辆编组、E 代表时速 200 公里卧铺动车组，如图 8-1～图 8-4 所示。

图 8-1

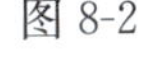
图 8-2

图 8-3

图 8-4

新一代 CRH380 系列，主要包括 CRH380A、CRH380B、CRH380C、CRH380D，如图 8-5～图 8-8 所示。

图 8-5

图 8-6

图 8-7

图 8-8

6. 什么是制动切除?

答:“制动切除”是指通过关闭动车组制动系统供风截门，使个别车辆不起制动作用。分为常用制动切除和停放制动切除，制动切除后电制动可正常使用，根据制动切除辆数，动车组须执行不同限速要求。

7. CTCS 根据功能要求和设备配置划分为哪几个等级?

答:CTCS 根据功能要求和设配置划分应用等级，分为 0～4 级。

CTCS 应用等级 0:由通用机车信号＋列车运行监控装置组成，为既有系统。

CTCS 应用等级 1:由主体机车信号+安全型运行监控记录装置组成,点式信息作为连续信息的补充,可实现点连式超速防护功能。

CTCS 应用等级 2:是基于轨道传输信息并采用车-地一体化系统设计的列车运行控制系统。可实现行指-联锁-列控一体化、区间-车站一体化、通信-信号一体化和机电一体化。

CTCS 应用等级 3:是基于无线传输信息并采用轨道电路等方式检查列车占用的列车运行控制系统。点式设备主要传送定位信息。

CTCS 应用等级 4:是完全基于无线传输信息的列车运行控制系统。

8. 动车组卸污设备包括哪些?

答:动车组卸污设备包括固定式真空卸污系统和移动式真空卸污车两类。

9. 目前太原局管内哪些站(场、所)具备动车组卸污作业条件?

答:太原南站 1、4、5、19、20、21、22 道及太原动车组运用所检查库 14、15、16、17 道安装有固定式真空卸污系统,具备对动车组在站、所卸污作业条件;太原动车组运用所Ⅰ场 13、18、19、26、27、32、33、39、40 道和运城北存车场 1、2 道旁设有汽车通道,可利用真空卸污车对动车组进行卸污作业。

10. 动车组按牵引动力方式分为哪几类?

答:分为动力分散式与动力集中式。

11. 动车组型号有哪几种命名方式?

答:动车组型号有技术序列代码命名方式(如 CRH5A)和速度目标命名方式(如 CRH380A)两种。

12. 动车组转向架分为哪几种?

答:动车组转向架分动力转向架和非动力转向架。

13. 动车组采用何种制动系统?

答:动车组常采用电气制动与空气制动的复合制动。动车组制动系统包括动力制动系统(再生制动)、空气制动系统(包括风源)、电子防滑器、及基础制动装置等。

14. 动力分散型的动车组可细分为哪两种模式?我国动车组采用哪种模式?

答:一种是完全分散模式,即高速列车编组中的车辆全部为动力车,另一种是相对分散模式,即高速列车编组中大部分是动力车,小部分为无动力的拖车。我国目前所有运营动车组均为相对分散模式。

15. 动车组通过检修、检测设备的限速是如何规定的?动车组一级修时间是如何规定的?

答:经由踏面诊断设备时,通过限速 45 km/h,检测限速 8～12 km/h;经由洗车机时,自走行通过限速 3～5 km/h,牵车机牵引通过限速 1.5～3 km/h;经由轨道桥时,通过限速 10 km/h;经由不落轮镟床,转向架更换及落轮设备时,通过限速 5 km/h。动车组在检查库内一级检修时间不得少于 4 h。

第二部分　行车业务知识

第九篇　行车组织

第一章　基础知识

1. 铁路行车组织工作的基本原则是什么?

答:铁路行车组织工作,必须贯彻安全生产的方针,坚持高度集中、统一领导的原则。运输、机务、车辆、工务、电务、供电、信息、房建等部门要发扬协作精神,主动配合,紧密联系,协同动作,组织均衡生产,不断提高效率,挖掘运输潜力,完成和超额完成铁路运输任务。

2. 如何按等级调整列车运行?

答:列车调度员要按列车运行图指挥列车运行,当列车不能按列车运行图运行时,除特殊情况外,要按先客后货、先跨局后管内的原则和下列规定等级顺序调整。

(1)动车组列车;(2)特快旅客列车;(3)特快货物班列;(4)快速旅客列车;(5)普通旅客列车;(6)军用列车;(7)货物列车;(8)路用列车。开往事故现场救援、抢修、抢救的列车,应优先办理。特殊指定的列车的等级,应在指定时确定。

3. 什么叫列车到达?

答:以列车进入车站,停于指定到达线警冲标内方时分为准。列车超过实际到达线有效长度时,以第一次停车时分为准。列车在区间分部运行时,则以全部车辆到达前方站时分为准;如分部运行将车辆拉向两端车站时,以拉向前方站的最后一部分车辆到达时分为准。

4. 什么叫列车出发?

答:以列车机车向前进方向起动,列车在站(场)界内不再停车为准。列车发出站界后,因故退回发站再次出发时,则以第一次出发时分为准。

注:场界系指一站多场的场间分界点,各车场在列车运行图内分别规定有列车发、到(或通过)时分。

5. 什么叫列车通过?

答:以列车机车通过车站值班员室时分为准。

6. 现在车如何分类?

答:现在车按产权所属分为部属铁路货车、企业自备货车及内用货车、外国铁路货车。按运用状况分为运用车和非运用车。

7. 什么叫运用车?

答:指参加铁路营业运输的部属铁路货车、企业自备货车、内用货车、外国货车,企业租用、军方特殊用途重车。

8. 什么叫重车?

答:(1)实际装有货物并具有货票的货车。

(2)卸车作业未完的货车。

(3)倒装作业未卸完的货车。

(4)以"特殊货车及运送用具回送清单"手续装载整车回送铁路货车用具(部属篷布、空集装箱及军用备品等)的货车。

(5)填制货票的游车。

9. 什么叫空车?

答:(1)实际空闲的货车。

(2)装车作业未完的货车。

(3)倒装作业未装完的货车。

(4)运用状态下的机械冷藏车的工作车。

10. 什么叫非运用车?

答:指不参加铁路营业运输的部属货车(包括租出空车)、企业自备内用检修车和在专用线、专用铁路内的已获得“过轨运输许可证”的企业自备货车、在站装卸作业企业自备空车、在本企业内的内用空车、军方特殊用途空车以及部属特种用途车。

11. 非运用车的类别是什么?

答:备用车、检修车、代客货车、路用车、洗罐车、整备罐车、租出空车、在企业内的企业自备货车、军方特殊用途空车。

12. 什么叫装车数?

答:凡在铁路货运营业站承运并填制货票,以运用车运送货物的装车,均统计为装车数。

13. 什么叫卸车数?

答:凡填制货票以运用车运送,到达铁路货运营业站的卸车,均统计为卸车数。

14. 如何计算当日的装卸作业次数?

答:装卸作业次数为车站在一定时期内所完成的装车、卸车作业及其他货车作业的总次数。

(1)凡计算装卸车数的均计算作业次数。

(2)货物倒装车、整车装卸铁路货车用具和按增加使用及增加卸空车计算的整装零担车、整装集装箱,均按实际作业车数计算作业次数。整车货物倒装全部卸空后,又原车装运时,按两次作业计算。

(3)整车分卸的货车在运送途中站进行卸车时,按一次作业计算。

15. 什么叫货车停留时间?

答:凡计算车站出入的运用车,由到达、转入或加入时起至发出、转出或退出时止的全部停留时间(不包括其中转入非运用车的停留时间)均应统计停留时间,但中间站利用列车停站时间进行装卸,装卸完了仍随原列车继续运行时,只计算作业次数不计算停留时间。

16. 货车停留时间是如何分类的?

答:货车停留时间按作业性质,分为货物作业停留时间和中转停留时间。

17. 货车停留时间的统计方法?

答:分为号码制和非号码制两种。

18. 区间装卸作业如何统计?

答:在区间内正线进行货物装卸作业的货车,由办理货运手续站统计装卸车数和货物作业停留时间,非办理货运手续站的货车出入及其停留按中转车统计。在非营业站内的装卸视同区间装卸。

19. 零散快运货物统计装卸车数吗?

答:不统计。

20. 批量快运货物统计装卸车数吗?

答:统计。

21. 车站货车统计工作的主要内容是什么?

答:现在车统计,装卸车统计,货车停留时间统计,货物列车出发正点率统计。

22. 什么叫专业运输公司租用货车?

答:指专业运输公司租用的非该专业运输公司所属的部署货车。

23. 批量零散货物使用20英尺、40英尺铁路集装箱进行快运时,装(卸)车如何统计?

答:(1)所有费用与批量零散货物快运运价率和计费条件保持一致。

发到站不允许加收集装箱使用费、装卸箱费、站内装掏箱费、仓储费等任何费用。

(2)零散货物和108类批量散货入箱，货票系统后台将其集装箱使用费单独列示，总公司按照后台列示金额清算集装箱使用费后，再进行运行费和发到分成清算。接取送达费清算按照既有货物快运清算办法执行。

24. 使用特货公司JSQ型货车运输自驾游小汽车时，装(卸)车如何统计?

答：自驾游小汽车运输单独统计，不纳入特货公司向铁路局的付费支出统计。在货物运输精密统计中，自驾游小汽车运输工作量按“零快”统计，以零散货物快运货票为统计依据，在“特货公司货物运输量及平均运程统计表(货报-12-T)”中，增加车种“自驾游小汽车(JQ)”为“汽车专用车”的其中项，单独统计自驾游小汽车运输工作量，以零散货物快运货票品名栏标识“自驾游小汽车(一类)”或“自驾游小汽车(二类)”为统计依据。

25. 什么叫运输企业?

答：是指以营利为目的，使用民用航空器，汽车、火车、轮船等交通工具运送旅客、行李、邮件或者货物的企业法人。

26. 什么叫联合运输?

答：简称联运，是指使用两种或两种以上的运输方式完成一项进出口货物运输的综合运输方式。

第二章　工作计划

1. 货物列车编组计划的原则是什么?

答：列车编组计划是全路的车流组织计划。列车中车组的编挂，须根据铁路总公司和铁路局的列车编组计划进行。列车编组计划的编制，应在加强货流组织的基础上，最大限度地组织成组、直达运输，合理分配各编组站、区段站的中转工作，减少列车改编次数。

2. 什么是违反货物列车编组计划?

答:凡有下列情况之一者(另有规定除外)均为违反编组计划:

(1)直达列车的车流,编入直通、区段、摘挂和小运转列车;直通列车的车流编入区段、摘挂和小运转列车;区段列车的车流编入摘挂和小运转列车。

(2)直通、区段、摘挂和小运转列车的车流,编入直达列车;区段、摘挂和小运转列车的车流编入直通列车;摘挂和小运转列车的车流编入区段列车。

(3)未按规定选分车组或未执行指定的编挂顺序(由于执行隔离限制,确实难以兼顾时除外)。

(4)未按补轴、超轴规定编组列车。

(5)违反规定的车流径路,将车辆编入异方向列车。

(6)未达到列车运行图或编组计划规定的列车(基本组)牵引质量、长度(摘挂列车、小运转列车除外)。

(7)其他未按编组计划规定编组的列车。

3. 什么是调度日(班)计划? 编制调度日(班)计划应遵守哪些原则?

答:调度日(班)计划是日常运输组织工作的基础,应按列车编组计划、列车运行图、月度运输生产经营计划、施工计划进行编制,保证均衡地完成运输生产经营和施工任务。

调度日(班)计划的编制应遵守下列原则:

(1)坚持安全生产的原则。

(2)贯彻国家运输政策,保证重点运输的原则。

(3)坚持一卸、二排、三装的运输组织原则。

(4)按列车编组计划编车,按列车运行图行车,按运输生产经营计划组织运输,按《车站行车工作细则》组织作业,最大限度地组织直达、成组运输的原则。

(5)按施工计划安排施工,坚持运输、施工兼顾的原则。

(6)经济合理地使用机车车辆和其他运输设备,提高运输效率和效益的原则。

(7)组织均衡运输的原则。

4. 日计划的定义是什么?

答:日计划是由当日 18:00 至次日 18:00 一日内的日间运输工作计划。

日计划分为两个班计划:当日 18:00 至次日 6:00 为第一班计划,次日 6:00 至 18:00 为第二班计划。铁路局可根据第一班计划的执行情况和日计划任务,对第二班计划内容进行部分调整。

5. 施工日计划的定义是什么?

答:施工日计划是指由铁路局调度所施工调度室(简称施工调度室)根据月度施工计划(含临时施工批复文件、电报)及主管业务处提报的施工计划申请编制的次日 0:00 至 24:00 施工计划。

6. 调度日(班)计划分为哪几类?

答:调度日(班)计划包括货运工作计划、列车工作计划、机车车辆工作计划和施工日计划。

7. 列车工作计划主要包括什么内容?

答:列车工作计划主要包括以下内容:

(1)列车到、发及运行计划,包括列车车次、发站、到站、发到时分、编组内容、特定运行径路,始发列车车辆来源、小运转列车运行计划,机车交路、机车型号及机车号。

(2)分界站列车交接计划,包括列车车次、到开时分、各列车中去向别重车数(到邻局的重车分到站)和车种别空车数。

(3)管内工作车输送计划、各站配空挂运计划和摘挂列车的装卸、甩挂作业计划。

(4)专用货车的调整、挂运计划。

(5)装载超限超重、军运物资(人员)、剧毒品货物车辆,有限制运行条件的机车车辆、自轮运转特种设备挂运和专列开行计划。

(6)旅客列车的临时加开、停运、迂回运输、编组、车辆甩挂计划。

(7)区间装卸作业计划。

(8)路用列车运行计划。

第三章　列车运行图

1. 列车运行调整计划的主要内容是什么?

答:列车调度员须及时铺画和下达 3～4 h 列车运行调整计划。其主要内容:

(1)车站列车到、发时分和列车会让计划(采用计算机下达的为实时调整计划)。

(2)列车在中间站作业计划。

(3)区段装卸车计划。

(4)施工计划。

(5)重点列车注意事项。

2. 列车运行图根据什么确定列车对数? 编制列车运行图应符合什么要求?

答:列车运行图应根据客货运量、区段通过能力等因素确定列车对数,并符合下列要求:

(1)列车运行、车站间隔、技术作业等时间标准;

(2)迅速、便利地运输旅客和货物;

(3)充分利用通过能力,经济合理地运用机车车辆和安排施工、维修天窗;

(4)做好列车运行线与车流的结合;

(5)各站、各区段间的协调和均衡;

(6)合理安排乘务人员作息时间。

3. 列车运行图有什么作用?

答:列车运行图是铁路行车组织工作的基础。所有与列车运行有关的铁路各部门,必须按列车运行图的要求,组织本部门的工作,以保证列车按运行图运行。

4. 列车运行图有哪几种格式？分别在什么情况下使用？

答:为了适应使用上的不同需要,列车运行图分为二分格运行图、十分格运行图和小时格运行图。

二分格运行图:主要在编制新运行图时做草图时使用。在这种运行图上,小时格和十分格都用粗线,二分格用细线表示。时刻标记不需填写数字,而是用规定的符号表示。

十分格运行图:主要用于调度员绘制实际图时使用。在这种运行图上,横轴以 10 min 为单位用细线划分,半小时用断线,整小时用粗线。列车到发时刻只填写 10 min 以下的数字。

小时格运行图:主要在编制旅客列车方案图和机车周转图时使用,在小时格运行图上,列车到发时刻需将 60 min 以下的数字全写出来。

5. 列车运行图的如何进行分类？其各有什么特点？

答:列车运行图主要按以下方法进行分类:

(1)列车运行图分为基本列车运行图(简称基本图)和分号列车运行图(简称分号图)。

基本图是指经过重新编制或调整,正在实施并持续到下次重新编制或调整为止的列车运行图。调整后的基本图又称调整列车运行图(简称调整图)。分号图是指为适应短期运输、应对突发事件或施工等需要,短时间实行,实行完毕又恢复到基本图的临时性列车运行图。

(2)按区间正线数目,列车运行图分为单线运行图、双线运行图和单双线运行图。单线运行图:在单线区段采用的运行图,列车的交会和越行只能在车站进行。双线运行图:在双线区段采用的运行图,列车的交会可在区间或车站进行,但列车的越行必须在车站进行。单双线运行图:一个调度指挥区段有单线也有双线,各按单线运行图和双线运行图的特点铺画运行线。

(3)按列车运行速度区分,列车运行图分为平行运行图和非平行运行图。平行运行图:在同一区间内,同一方向列车的运行速度相同,且列车在区间两端站的到、发或通过的运行方式也相同,因而列车运行线相互平行。非平行运行图:在运行图上铺有各种不同速度的列车,且列车在区间两端站的到、发或通过的运行方式不同,因而列车运行线不相平行。

(4)按照上、下行方向列车数目,列车运行图分为成对运行图和不成对运行图。成对运行图:就同一区段内,上、下行方向列车数相等。不成对运行图:同一区段内,上、下行方向的列车数目不相等。

(5)按照同方向列车运行方式的不同,有追踪运行图和非追踪运行图。追踪运行图:在自动闭塞区段上,同方向的列车是以闭塞分区为间隔运行,在这种运行图上,一个站间区间内允许同时有几个列车按追踪方式运行。非追踪运行图:同方向列车是以站间(所间)区间为间隔,即在非自动闭塞区段采用的运行图。

6. 列车运行图由哪些基本要素组成?

答:列车运行图是列车时刻表的图解,规定各次列车按一定的时刻在区间运行及在车站到、发和通过。组成列车运行图的基本要素有6项:

(1)列车区间运转时分(含施工慢行附加时分)及起停车附加时分。

(2)列车停站时分。

(3)车站办理接发列车的间隔时分。

(4)追踪列车间隔时分。

(5)机车在机务本段或折返段所在站的停留时间。

(6)机车在技术站的技术作业时间。

第四章 调度命令

1. 什么是调度命令?

答:调度命令是行车调度处理日常行车工作中的有关问题,以及在非正常情况下组织指挥行车有关部门、单位和人员办理行车工作、指示作业方法和安全注意事项的带有约束性的指令,是编有调度命令号码并在《调度命令登记簿》上登记或通过TDCS/CTC系统生成的命令。

2. 发布调度命令的基本规定是什么?

答:(1)调度命令发布前,应详细了解现场情况,听取有关人员的意见，书写命令内容、受令处所必须正确、完整、清晰。

(2)采用计算机发布调度命令时，必须严格遵守"一拟、二审核(按规定须监控人审核的)、三签(按规定须领导、值班主任签发的)、四发布、五确认签收"的发布程序。受令人必须认真核对命令内容并及时签收。

(3)采用电话发布调度命令时，必须严格遵守"一拟、二审核(按规定须监控人审核的)、三签(按规定须领导、值班主任签发的)、四发布、五复诵核对、六下达命令号码和时间"的发布程序办理。发布、接收调度命令时，应填记《调度命令登记簿》(《技规》(普速铁路部分)附件 7)，并记明发收人员姓名及时刻。

(4)采用常用行车调度命令用语拟写的命令，计算机编辑时"用语"中未用到的字句删除，书面拟写时"用语"中未用到的字句圈掉。

(5)调度命令书写不正确时，应重新书写。

(6)已发布的调度命令，遇有错、漏或变化时，必须取消前发命令，重新发布全部内容的调度命令。

(7)使用调度命令无线传送系统、计算机或传真机发布行车调度命令，必须认真执行确认和回执制度。

(8)发布运行揭示调度命令，不准夹带与受令处所无关的内容和命令。

(9)发布有关线路、道岔限速的调度命令，必须注明具体地点(包括站内线别、道岔号码)、起止里程及时间。发布事故救援命令有关线路、道岔必须注明里程。

(10)指定时间段内的维修作业，车站值班员在维修作业完毕销记后应立即报告列车调度员，列车调度员不再发布维修作业结束恢复行车的命令。如需延长作业时间须列车调度员发布调度命令批准。

3. 什么是运行揭示调度命令？运行揭示调度命令的要素有哪些？

答：运行揭示调度命令是指由施工调度室编制的涉及限速、行车方式变化和设备变化的调度命令。

运行揭示调度命令内容应包括"时间、地点、因由、速度、行车方式变化、设备变化"六要素。

第五章　货车统计十八点报表

1. 车站货车统计十八点报表有哪些报表?

答:车站货车统计十八点报表主要有以下报表:

表 9-5-1　货车统计十八点报表

1	现在车报表(运报-2)
2	18 点现在重车去向报表(运报-3)
3	货车停留时间报表(运报-4)
4	煤碳运量报表(煤报-1)
5	装卸车报表(货报-1)
6	货物分类装车报表(货报-2)
7	卸车报表(货报-3)
8	外局重车车流去向报表(YJ1-A)
9	本局重车车流去向报表(YJ1-B)
10	运输收入进款指标综合统计表(YSS)
11	主要货物分品类去向报表(综报七)
12	管重表
13	管空表
14	编组站办理货车辆数报表(YB—11)
15	专业运输公司租用货车报表(Y2ZY)
16	C80 型货车运用统计表
17	批量零散货物快运运输和经营情况统计表(PLKY)
18	零散货物快运运输和经营情况统计表(LSKY)
19	货物快运运输情况统计表(HWKY)
20	货物运输类别情况统计表(HYLB)
21	太原铁路局管重分车种装车报表(货报-1F)
22	太原铁路局管重分品类装车报表(货报-2F)
23	太原铁路局卸空车报表(XKB)
24	罐车十八点装卸车统计表(GCB)

2. 一般情况下车站编制现在车报表(运报-2)的依据是什么?

答:列车编组顺序表(运统 1)、行车日志(运统 2 或运统 3)、货车出入登记簿(运统 4)、检修车登记簿(运统 5)、运用车转变记录(运统 6)、非运用车登记簿(运统 7)、部备用货车登记簿(运统 7-A)、号码制货车停留时间登记簿(运统 8)、非号码制货车停留时间登记簿(运统 9)、新造车辆竣工验收移交记录(车统 1 并车统 13)、车辆资产移交记录(车统 70)、车辆报废通知等有关资料。

3. 车站编制专业运输公司租用货车报表(运报-2ZY)的依据是什么?

答:列车编组顺序表(运统 1)、行车日志(运统 2 或运统 3)、运货七甲、装(卸)车清单(货统 2)、货车出入登记簿(运统 4)、号码制货车停留时间登记簿(运统 8)或车号自动识别系统等有关资料、专业运输公司租用车登记簿(运统 8-A)。

4. 车站编制 18 点现在重车去向报表(运报-3)的依据是什么?

答:根据 18 点当时运用重车货票、列车编组顺序表或其他货运单据上记载的到站编制。

5. 一般情况车站编制货车停留时间报表(运报-4)的依据是什么?

答:号码制货车停留时间登记簿(运统 8)、车号自动识别系统、车站管理信息系统、非号码制货车停留时间登记簿(运统 9)、装卸车报表(货报-1)。

6. 一般情况车站编制装卸车报表(货报-1)的依据是什么?

答:货票;装(卸)车清单(货统 2)、承运簿(铁运 10)、卸货簿(铁运 11 甲)、装卸车作业大表(运货 7 甲)、运单或其他装卸作业表、单据;国境站货物交接单、分界(交接)站货物交接记录单(货统 3)。

7. 一般情况车站编制货物分类装车报表(货报-2)的依据是什么?

答:货票;装(卸)车清单(货统 2)、承运簿(铁运 10)、卸货簿(铁运 11 甲)、装卸车作业大表(运货 7 甲)、运单或其他装卸作业表、单据;国境站货物交接单、分界(交接)站货物交接记录单(货统 3)。(同货报-1)

8. 一般情况编组站编制编组站办理货车辆数报表(运报-11)的依据是什么?

答:列车编组顺序表(运统 1)、编组站管理信息系统、车号自动识别系统、非号码制货车停留时间登记簿(运统 9)、号码制货车停留时间登记簿(运统 8)。

9. 批量零散货物入集装箱,在货物分类装车报表(货报-2)中如何统计?

答:《货物分类装车报表》(货报-2)第 59 栏(集装箱吨)后插入 60、61 两栏,项目名称为“其中批快入箱车”和“其中批快入箱吨”,分别反映批量零散货物入箱车数、吨数,为集装箱车数(58 栏)、集装箱吨数(59 栏)其中数。后续各栏顺延。

10. 当车站货运制票设备故障无法制票时,能否改为手工制票? 如何处理?

答:当车站货运制票设备故障无法制票时,不能使用手工制票,需联系站段信息技术人员尽快修复或更换备用设备。

11. 站段十八点统计应用系统的用途是什么?

答:站段十八点统计应用系统具有每日十八点统计数据的输入、核对、校验、汇总、上报等工作。

12. 十八点报表的每一项数据由哪四个要素实现唯一确定?

答:报表名、单位名、数据项名和日期。

13. 十八点报表的类型有哪几种?

答:数据表、计划表、在途车。

14. 十八点统计应用系统全编译的作用是什么?

答:对所有的表内校验,表间校验,汇总计算式进行编译,检查是否有错误。

15. 铁路货运列车编组统计信息系统运报-9A 所包含的内容是什么?

答:(1)本站装车始发的联合运输;(2)终到确认的联合运输;(3)中转的联合运输。

16. 向前方其他运输企业移交时,铁路货运列车编组统计信息系统中经由站的填记应注意什么? 为什么要这样做?

答:同时填记分界站站名。因此,如果本站的下一站为外企业管辖分界口,在填记经由站时,就应该同时填记外企业分界口,这样在生成运报-9A 时才能生成本站至外企业分界口的站间里程。

17. 报文编辑重新上报的注意哪些事项?

答:切勿删除本地数据,重新导入确报。(该方法极易造成同一列车在上报后,路局系统中查询产生多列相同记录)。应在车站程序中打开原来上报的报文,在此基础上修改、审核、重新上报。

18. 联合运输的判定方法是什么?

答:当前站、列车的始发站、终到站任意两个站名的所属运输企业不同,即认为联合运输。

19. 运报-9A 的生成方式是什么?

答:(1)对于本站 B 始发联合运输车辆,生成 B-B 记录,站间里程=0;

(2)对于本站 B 中转联合运输车辆,按照车号、实际发车时间访问路局 WebService 服务,获取上一站 A 站名、车次、实际发车时间等信息,生成 A-B 记录,站间里程取本地字典里程;

(3)对于本站 B 终到联合运输车辆,重复上一步骤(2)。

20. A站装车、B站制票问题如何处理?

答:A站如果不报清算运统一,就会显示漏报。所以,A站:编制清算YT1,按照货票填记始发终到站,作业种类选择作业车。

B站:如果有作业,编制清算YT1,按照货票填记始发终到站,作业种类选择有调或无调中转;如果无作业,无需上报清算YT1。

21. 铁路货运列车编组统计信息系统的系统架构为哪四级?

答:车站级、车务段级、铁路局级、总公司级。

22. 在什么情况下需要上报清算运统一?

答:(1)编组站、区段站发出列车;

(2)中间站始发、摘挂作业、停运恢复运行、拆组或组合;

(3)车站变更车次继续运行;

(4)分界站(含铁路局与合资铁路、地方铁路间接轨站、交接站)列车出入。

第六章　原始记录

1. 什么叫列车编组顺序表?

答:列车编组顺序表(含确报,下同)是记载列车组成情况,作为车站与车长(或司机)间,铁路局间交接车辆的依据,是运输统计和财务清算的主要原始资料。

2. 列车编组顺序表"经由"如何填记?

答:填记本次列车前方第一个编组(区段)站(含外局)或终到站名;向其他运输企业移交时同时填记分界站名。

3. 列车编组顺序表"车辆使用属性"如何填记?

答:(1)车辆使用属性反映专业运输公司使用车辆情况(包括其所属

和所用非所属车辆),其中集装箱、特货、快运公司使用车辆属性分别填记"集"、"特"、"行"(代码分别为"01"、"02"、"03")。(2)集装箱公司所属车辆指部属集装箱车(X);特货公司所属车辆指部属长大货物车(D)、冷藏车(B)、家畜车(J)、汽车运输专用车(SQ、JSQ);快运公司所属车辆指部属行李车(XL,邮政车 XU、UZ 比照行李车统计)、行包专列上的 PB 车。(3)专业运输公司租用车指为专业运输公司所用,而非其所属的部属货车(包括特货公司租用的集装箱公司所属货车)。1)集装箱公司租用车:①使用非集装箱公司所属的部属货车运送集装箱(不含特货公司汽车箱);②整车(非集装箱公司所属的部属货车)回送铁路篷布时。2)特货公司租用车:①特货公司跨装货物运输中使用的游车;②特货公司汽车箱运输所使用的部属车(含租用集装箱公司所属车辆)。3)快运公司租用车:使用非快运公司的部属车辆(如 P65)装运行李或包裹时。(4)铁路联合运输车辆标识在该栏反映,填记'联'(代码'07'),铁路联合运输指两个及以上铁路运输企业共同完成铁路客货运输业务。

4. DL1 型长大货物车回空时,在编制列车编组顺序表时如何填记?

答:DL1 型长大货物车回空时,列车编组顺序表(运统 1)"载重"栏填记"0"。

5. DNX17K 型长大货物车的车辆使用属性栏如何填记?

答:DNX17K 长大货物车所属为特货公司,车辆使用属性填记为"特"(代码为"02")。

6. 三晋货物快运列车的列车编组顺序表如何填记?

答:三晋货物快运列车的列车编组顺序表(包括清算运统 1 及运统 1 乙)严格按《统规》及如下规定填记:(1)载重栏:货车按标记载重的 1/3 填记;客车比照重客车按客车车体外部标记载重填记;行李车有实际装载的按实际填记,无实际装载的每辆按 10 吨填记。(2)货物名称栏:货车填记"沿零";客车及行李车填记"客车"。(3)票据号栏:填记"V000000"。

7. 在 X *** 次上挂运的管内、跨局零散货物快运车辆，列车编组顺序表的货物名称栏如何填记？**

答：填记“零快”，不得填记相关品名，记事栏不得填记“零快”。

8. 在 X *** 次上挂运的管内、跨局批量零散货物快运车辆，列车编组顺序表如何填记？**

答：(1)在 X ***** 次上挂运的管内、跨局零散货物快运车辆，列车编组顺序表(含确报)货物名称栏填记“零快”。

(2)零散货物快运车辆列车编组顺序表(含确报)载重栏按如下规定填记：重车实际载重不足 10 t，按 10 t 填记；超过 10 t、不足标记载重 1/3 时，按标记载重 1/3 填记；超过标记载重 1/3 时，按实际重量填记。

(3)按照太货安电〔2014〕222 号规定，多车分装的同批批量零散货物，列车编组顺序表(含确报)记事栏中用“LG”标识；按照太货安电〔2014〕227 号规定，跨局快运列车中装有零散货物的车辆不能溜放时，列车编组顺序表(含确报)记事栏中用“J”标识。

9. 一票多车只有合计载重吨数时，列车编组顺序表载重栏如何填记？

答：一票多车只有合计载重吨数时，成组中的第一辆和最后一辆用“—”表示，中间用“+”表示。

10. 108 类批量零散货物使用 20 英尺、40 英尺铁路集装箱进行快运时，列车编组顺序表如何填记？

答：品名填记“零快”。

11. 使用特货公司 JSQ 型货车运输自驾游小汽车时，列车编组顺序表如何填记？

答：在货运列车编组顺序表(运统 1，含确报、清算运统 1)和编组通知单(运统 1 乙)中，货物名称填计“零快”，车辆使用属性填计“行”(不再结算为“特”)。机车和货车统计相关报表按“零快货车”统计。

第七章　清算运统 1

1. 什么叫清算运统 1?

答:清算运统一是指经审核后的货物列车出发编组顺序表,其特点是列车必须按实际出发时间登记,并与确报库相连,不需要一项一项编制,但需逐项审核。

2. 什么情况车站做清算运统 1?

答:(1)编组站、区段站发出列车;(2)中间站始发、摘挂作业、停运恢复运行、拆组或组合;(3)车站变更车次继续运行;(4)分界站(含铁路局与合资铁路、地方铁路间交接站)列车出入。

总之,只要车站编制了编组顺序表,有甩挂作业都需要做清算运统一。

3. 编制出发清算运统一的步骤如何?

答:(1)双击桌面车站货运列车编组统计信息系统图标→输入用户名、密码→ 登录。(2)货运编组→编制清算运统一→选择起始时间(昨日 18:00)→终止时间(今日 18:00)→导入确报→选择实际要出发的车次→导入→在“校正及补齐”框内选“不执行”→选择“立即审核”框中的“否”→确定。(3)双击要上报的车次→检查编组是否正确→点击“校正补齐”→再点击“审核并保存”→选“关闭”。(4)选择要上报的车次后点击“上报”。

4. 清算运统一“经由站”如何填记?

答:填记本次列车前方第一个编组(区段)站(含外局)或终到站名;向其他运输企业移交时同时填记分界站名。

注意:如果本站的下一站为两个运输企业间分界口,在填记经由站时,就应该必须填记分界口,这样在生成 YB9A 时才能生成本站至分界口的站间里程。

5. 出发清算运统一上报时间如何规定?

答:清算运统一的实际发车时间以行车日志时间为准。上报不能超过实际发车时间 1 h,否则记为晚报。

6. 什么叫列车到达确认和终到确认?

答:到达确认是对到达本站的列车进行确认(不含通过);终到确认是对到达本站卸车的车辆进行确认。

7. 列车到达确认和车辆终到的处理过程如何?

答:(1)列车到达确认点击主程序菜单栏【货运编组】→【列车到达确认】→【获取到达车次】→(出现推荐的本站到达信息和程序找到的上一站清算运统一左右两个框,左框为行车日志信息,右框为上一站编发的清算运统一信息)→双击右框要确认的车次→点击右上角"确认列车到达按钮"→确认。

注意:左侧:绿色表示与行车日志已完全匹配,红色表示与行车日志未匹配;右侧有可能上一站未发清算运统一,及时联系上站发清算运统一。以上操作默认检索 1 天内数据,也可通过指定起止时间进行匹配。

(2)如果有到达本站卸车的车辆,在到达确认操作的基础上点击只选本站终到联合运输前的方框(有对勾后)→选择确认车辆终到。

8. 分界站上报清算运统一应注意哪些问题?

答:编制清算运统一时要注意实际开车时间先后的设置。

(1)交出前有作业的:作业站实际发车时间应不晚于分界站实际发车时间。

(2)接入后有作业的:作业站实际发车时间应不早于分界站实际发车时间

注意不应简单的将作业站和分界站的实际发车时间做相同处理,会影响 YB9A 生成数据的准确性。

9. 什么是运报-9A？该报表有何意义？

答：我们通常说的运报-9A，全称是“联合运输车辆公里报表”。此表强调联合运输，只有联合运输的车辆才进入此表中，非联合运输的不在此表中生成。

意义：联合运输车辆公里统计，反映经由两个及以上铁路运输企业的普通货物运输车辆走行工作量，作为企业运费收入清算的依据之一。它是日报表，每日上午9点前上报，每个车站都要报。

第八章　统计资料的管理

1. 统计资料如何保管？

答：各种月、季、年报长期保存；日报保存2年；列车编组顺序表保存3年；其他原始记录保存2年。电子资料同期保存。

2. 统计资料保管到期后怎么办？

答：统计资料保管到期后登册销毁。

第十篇　接发列车

第一章　名词解释

1. 列车进路分为哪几种？

答：接车进路、发车进路、通过进路。

接入停车列车时，由进站信号机起，至接车线末端警冲标或出站信号机止的一段线路，称为接车进路（图 10-1-1）。

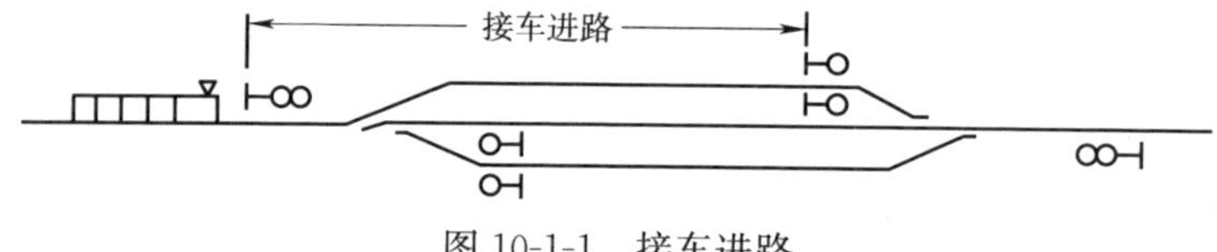

图 10-1-1　接车进路

发出列车时，由列车前端至相对方向进站信号机或站界标止的一段线路，称为发车进路（图 10-1-2）。

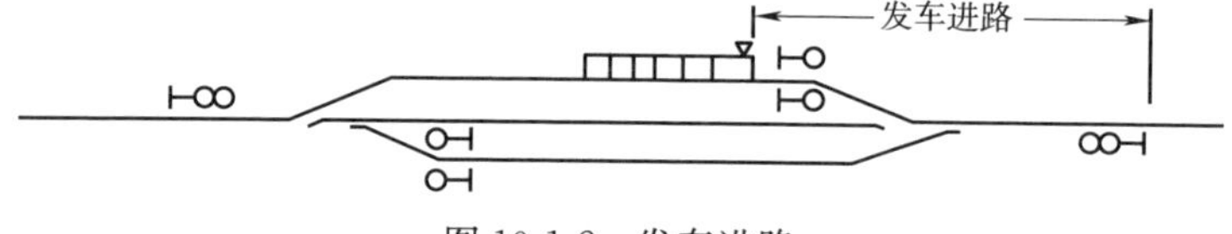

图 10-1-2　发车进路

列车通过时，通过进路为该列车通过线两端进站信号机或进站信号机至站界标间一段线路，称为通过进路（图 10-1-3）。

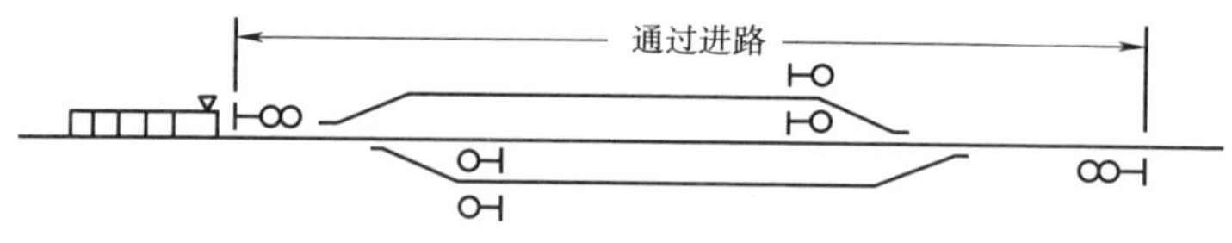

图 10-1-3　通过进路

2. 什么是基本进路?

答:排列进路时,依次按下始端、终端按钮后所排出的一条经由道岔侧向位置最少、径路最短、较为合理的列车进路,称为基本进路。

3. 什么是延续进路?

答:在进站信号机外制动距离内为超过6‰的下坡道(换算坡度)的车站,为了防止列车因制动不当而冲出接车线的意外情况,有必要将接车进路加以延长,这延长的部分就叫延续进路。

4. 什么是变通(迂回)进路?

答:基本进路以外的进路称为变通进路(亦称迂回进路)。

5. 什么是非进路调车?

答:在一定时间内,开通并锁闭通往编组区的某一条线路上的联锁道岔。使该线路作为牵出线来进行往返调车作业的调车方法。

6. 什么是安全线?

答:安全线是为防止列车或机车车辆从一进路进入另一列车或机车车辆占用的进路而发生冲突的一种安全隔开设备。

7. 什么是避难线?

答:避难线是为了防止长大下坡道上失去控制的列车发生冲突或颠覆而设置的线路(图10-1-4、图10-1-5)。

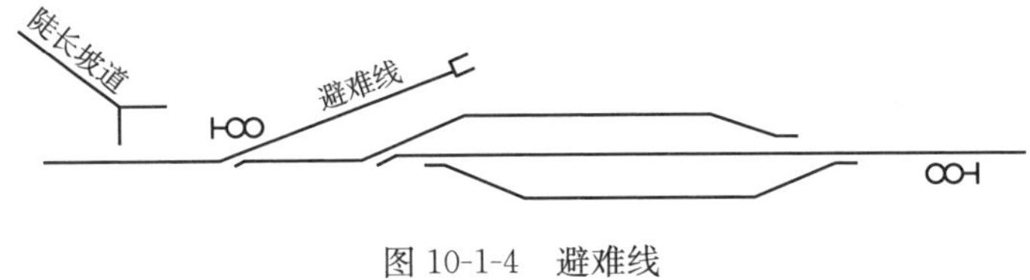

图 10-1-4　避难线

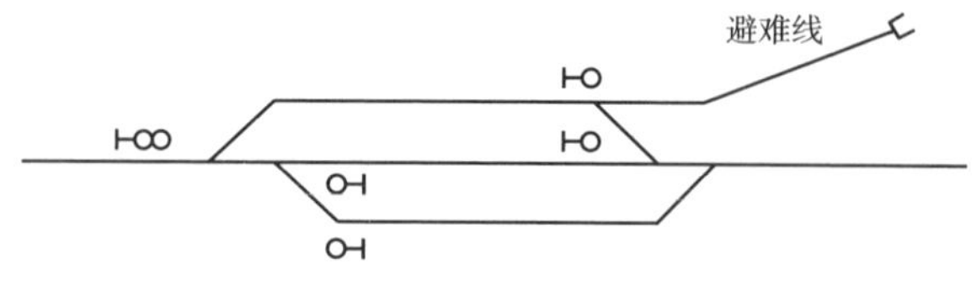

图 10-1-5　避难线

8. 什么是线路有效长？

答：线路有效长是指线路全长范围内可以停留机车车辆而不妨碍信号显示、道岔转换(压中间道岔除外)和邻线行车的部分。

9. 什么是对向道岔？什么是顺向道岔？

答：机车、车辆由尖轨向辙叉运行时，该道岔为进路上的对向道岔，反之为顺向道岔。

10. 什么是闭塞？

答：按照一定的方法组织列车在区间运行，使列车通过站间、所间、闭塞分区时，或由设备控制或由人为控制，保证同一时间内只有一个列车占用，并使列车与列车之间保持一定距离的技术方法，一般称为行车闭塞法，或叫闭塞。

11. 什么是半自动闭塞？

答：在相邻两站各装设一台闭塞机，两闭塞机通过外线连为一体，组成一套闭塞设备。办理闭塞和闭塞机复原需人工办理，当列车出发后，出站信号机自动关闭。这种闭塞方法，既要人工操作，又需要依靠列车的作用自动动作，所以叫做半自动闭塞。

12. 什么是自动闭塞？

答：由运行的列车自动完成闭塞作用的一种行车闭塞方法，称为自动闭塞。

13. 什么是自动站间闭塞?

答:自动站间闭塞是在半自动闭塞基础上发展起来的闭塞方法,区间两端车站的出站信号机和轨道检查装置构成联锁关系,采用轨道检查装置自动检查区间空闲,列车以站间区间为间隔运行,通过办理发车进路和检查列车出清区间的方式,自动实现区间闭塞和区间开通。

14. 什么是"原规定为通过的列车"?

答:"原规定为通过的列车"是指:

(1)列车运行图规定为通过的列车。

(2)以书面文件、电报修改时刻规定为通过的列车。

(3)临时加开列车时,以调度命令指定时刻为通过的列车。

15. 什么叫做接近区段? 接近区段是怎样规定的?

答:信号机防护区段的前一相邻区段,叫做这个区段或这个信号机的接近区段。

列车、调车进路的接近区段规定如下:

(1)接车进路一般为信号机前方第一闭塞分区或第一轨道区段;

(2)发车进路一般为发车线;

(3)同方向两架列车信号机,当其信号显示有联系时,其后一架列车信号机所防护进路的接近区段,应从前一架列车信号机后方第一轨道区段开始;

(4)进站信号机外制动距离内,进站方向为超过6‰的下坡道,当设计接车进路的延续进路时,该延续进路的接近区段应从进站信号机前方第一闭塞分区或第一轨道区段开始;

(5)调车进路一般为信号机前方第一轨道区段。

16. 什么叫敌对进路? 哪些情况下构成敌对进路?

答:两条进路有相互重叠或交叉的部分,不能以道岔位置来区分时,那么这两条进路互为敌对进路。

下列情况属于敌对进路:

(1)同一到发线上对向的列车进路与列车进路；

(2)同一到发线上对向的列车进路与调车进路；

(3)同一咽喉区内的对向重叠的列车进路；

(4)同一咽喉区内的对向或顺向重叠的列车进路与调车进路；

(5)同一咽喉区内的对向重叠的调车进路；

(6)当进站信号机外制动距离内，接车方向为超过 6‰的下坡道，而接车线末端无隔开设备，该下坡道方向的接车进路与对方咽喉的接车进路、非同一到发线上顺向的发车进路以及对方咽喉的调车进路；

(7)由于绝缘侵入限界而禁止同时开通的进路。

17. 什么是超重列车？

答：实际牵引质量超过运行图规定的该区段货物列车牵引质量标准(考虑规定的波动尾数)的货物列车。

18. 什么是欠轴列车？

答：实际牵引质量和长度均低于运行图规定的该区段货物列车牵引质量和换长标准(考虑规定的波动尾数)的货物列车。

19. 什么是超长列车？

答：实际牵引长度超过运行图规定的该区段货物列车换算长度的货物列车。

20. 什么是超限列车？

答：挂有装载超限货物车辆并冠以超限列车车次的列车。

21. 什么是超限货物？

答：货物装车后，车辆停留在水平直线上，货物的任何部位超出机车车辆限界基本轮廓者或车辆行经半径为 300m 的曲线时，货物的计算宽度超出机车车辆限界基本轮廓者，均为超限货物。

22. 什么是超长货物?

答:一件货物装车后,超过所装平车的长度,需要使用游车和跨装运输时,称为超长货物。

23. 什么是集重货物?

答:一件货物的重量,大于所装平车负重面长度的最大容许载重量,称为集重货物。

24. 什么是超重货物?

答:装车后,重车总重活载效应超过桥涵设计标准活载(中—活载)的货物,称为超重货物。

第二章　作业知识

1. 什么是接车作业?

答:接车作业是指接车站从承认邻站发车时起至列车全部到达本站停于警冲标内方并办完开通区间有关作业为止的一段时间内所办理的全部作业(图 10-2-1)。

2. 什么是发车作业?

答:发车作业是指发车站从向邻站请求发车(双线为预告发车)时起至列车全部开出站界并办完有关作业为止的一段时间内所办理的全部作业(图 10-2-1)。

3. 车站值班员办理闭塞时如何确认区间空闲?

答:车站值班员在办理闭塞(预告)前,应确认区间(闭塞分区)空闲,方法如下:

(1)半自动闭塞除根据闭塞机上闭塞表示灯的显示确认外,还应根据《行车日志》确认。

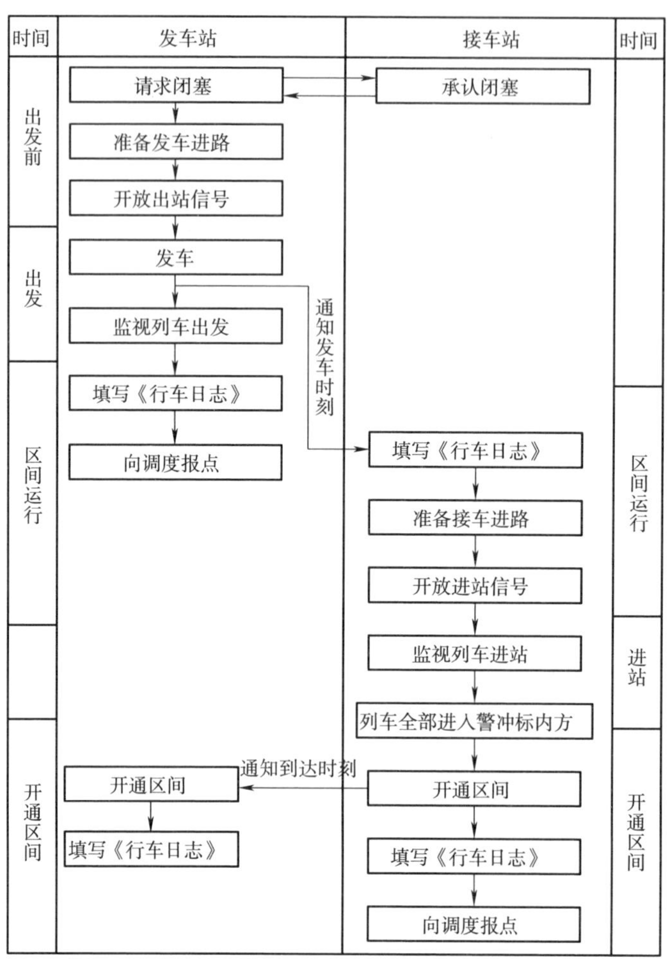

图 10-2-1　接发车作业

(2)自动闭塞通过控制台上的监督器(列车离去表示灯)或出站信号机复示器,确认第一、第二闭塞分区空闲的情况。在四显示区段还应确定第三闭塞分区的空闲情况。

(3)电话闭塞根据《行车日志》中列车到达的电话记录确认。

此外,还应根据有关记录(轻型车辆使用书、施工登记、封锁区间的调度命令)与揭挂的表示牌等,确认区间空闲的情况。

4. 接发列车前必须认真检查确认的事项有哪些?

答:(1)为了防止向占用线路接车,车站值班员必须在接车前认真检查、确认接车线路空闲。具体检查确认办法,按《接发列车作业》标准和《站细》[1]等有关规定执行。

(2)必须亲自或通过有关人员确认影响进路的调车作业已经停止。这是因为不及时停止影响接发列车进路的调车工作,就有可能造成到达列车站外停车或出发列车晚点,甚至可能使列车与正在调车的机车车辆发生冲突事故。

上述工作完毕后,方可开放进站信号机,准备接车,或开放出站信号机,交付行车凭证,在确认旅客上下、行包装卸和列检作业、客车给水、吸污等作业完毕后发车。

5. 确认接车线路空闲的方法包括哪些?

答:(1)在设有轨道电路的车站,通过控制台上股道占用光带或股道占用表示灯确认。此外还需要注意现场确认有无轻型车辆、小车及线路附近有无能使列车脱轨的障碍物。

(2)未设轨道电路或轨道电路发生故障时,由接发列车人员现场确认接车线路是否空闲。

(3)查看股道占用揭示板。

6. 什么是影响接发列车进路的调车作业?

答:不及时停止影响列车进路的调车作业,就有可能造成到达列车机外停车或出发列车晚点,甚至可能使列车与正在调车的机车车辆发生冲突事故。具体分为以下几种情况:

(1)占用或穿越接发列车进路的调车作业。

(2)接发超限货物列车进路的线路上,当线路间距不足 5000 mm 时,邻线上的调车作业。

(3)接发非超限货物列车进路的线路上,当线间距不足 5000 mm 时,

---

① 《车站行车工作细则》,下同。

邻线上调动装载超限货物的车辆的作业。

(4)接发旅客列车时,能进入接发列车进路的线路没有隔开设备的调车作业。

(5)进站信号机外制动距离内进站方向为超过 6‰的下坡道,在接车线末端无隔开设备的延续进路上调车作业时。

(6)其他影响列车进路的调车作业(如在无隔开设备的线路上手推调车等)。

7. 车站值班员布置进路有何要求?

答:(1)按《站细》规定的时间,正确及时的布置进路。

(2)布置进路应使用《接发列车作业》标准规定用语,要求简明清楚,不得简化。布置进路的命令,不准与其他作业命令的命令、通知一起下达,以防混淆。如车站衔接方向有两条及以上运行线时,布置进路除讲明方向还应讲清经由线别。

(3)为防止布置进路时有关人员错听,受令人员必须复诵。车站值班员要认真听取复诵,核对无误,方可命令执行。

8."一看、二扳(按)、三确认、四显示(呼唤)"制度内容是什么?

答:(1)"一看":看道岔标志、信号手柄(按钮)位置。

(2)"二扳(按)":将道岔、信号扳(按)至所需位置。

(3)"三确认":扳(按)完道岔、信号手柄(按钮)后,通过表示灯或标志确认有关进路道岔开通位置是否正确;手动道岔确认闭止块是否"落槽",确认信号开放、关闭状态是否正确。

(4)四显示(呼唤):确认无误后,就地显示规定的信号或按规定执行呼唤制度。

9. 什么是道岔定位? 道岔定位的作用是什么?

答:道岔应规定经常保持向某一线路开通的位置,这个位置称为定位;向另一线开通的位置称为反位。道岔定位是道岔管理的重要环节,是正确准备进路的辅助措施。

10. 为何集中操纵的道岔及不办理接发列车的非集中操纵的道岔可不保持定位?

答:集中操纵的道岔,在准备进路时,只需按压进路按钮,有关道岔当时无论在什么位置,都能自动转换到该进路开通的位置,并被防护该道岔的信号锁闭,因此,可不保持定位。不办理接发列车的非集中操纵的道岔,主要用于调车作业,可不保持定位,以减轻作业人员的劳动强度和减少在站场内的走行。但对引向安全线、避难线的道岔、到发线上的中岔应在使用完毕后恢复定位。

集中操纵的道岔,虽规定可不保持定位,但应在《站细》内记明具体道岔定位的位置,以便停电或联锁失效时使用。

11. 预告信号机的作用是什么?

答:预告信号机的作用是预告进站信号机等主体信号机的显示状态。

12. 调车信号机的作用是什么?

答:调车信号机用以指示调车机车、车列可否越过该信号机进行调车作业。

13. 复示信号机的作用是什么?

答:复示信号机的作用是复示主体信号机的显示状态。

第三章　非正常作业知识

1. 什么是一切电话中断?

答:车站行车室内一切电话中断是指车站行车室内的行车闭塞电话、调度电话、自动电话全部中断,使车站值班员无法使用电话办理行车联系事项。

2. 什么是一切电话中断时的行车?

答:由于自然灾害或其他原因,车站行车室内的一切电话中断,与邻站及列车调度员均无法用电话联系时，必须采用特定的方法保证不间断行车，并发给列车占用区间的特定凭证。这种特定行车方法，就是单线行车按书面联络法，双线行车按时间间隔法。特定的凭证就是红色许可证。

3. 什么是书面联络法？

答：书面联络法，是单线区间的车站，在一切电话中断时，相邻两站间通过书面形式取得联络后，确定向区间开行列车的发车权和列车运行程序的办法。

为使车站在一切电话中断时尽快发出列车，应规定优先发车的车站。一旦发生一切电话中断，被规定为优先发车的车站，在与邻站取得联络之前，只要符合规定的条件，就可以向区间发出一切电话中断后的第一个列车。如果规定优先发车的车站没有待发列车时，应主动迅速将红色许可证的通知书送到非优先发车站，非优先发车站只有接到优先发车站送来的红色许可证上通知书第 1 项内容，即"准接你站发出的列车"的通知后，方可发出列车。发出第一个列车的车站，在发车前必须查明区间空闲，并在交予该列车的红色许可证上记明下一次列车的发车权，以后开行的列车，均按红色许可证上记明的发车权办理。

4. 什么是时间间隔法？

答：时间间隔法，是指同方向运行的前一列车由车站出发后，不论其是否到达前方站，间隔一定的时间，再发出次一列车的行车方法。

在一切电话中断后，为了保证行车安全，防止两端站同时向同一区间同一线路放行对向列车，规定双线按时间间隔法行车时，只准发出正方向的列车。在自动站间闭塞、半自动闭塞或自动闭塞设备故障停止使用的情况下，一切电话中断后发出第一个列车时，在发车前必须查明区间是否空闲，以防止在一切电话中断前发出的列车在区间被迫停车或退行、邻站越出站界调车未完毕、邻站发出反方向列车未到达本站等尚未腾空区间，即发出第一个列车，以致发生列车事故。一切电话中断后按时间间隔法行车时，均难以得到前次列车到达邻站的通知，发车站无法确知前行列车是否到达。因此，规定两列车的间隔时间，按区间规定运行时间另加 3 min。这样，在一般情况下前行列车可以到达前方站，即使前行列车未到达前方站，也可保证有足够的安全间隔。按区间规定运行时间另加 3 min 是给接车站安排后行列车准备进路时间，或前行列车在区间被迫停车时的防护时间。在区间规定运行时间较短的情况下，为了确保与前行列车的安全间隔，所以规定不得少于 13 min。

5. 计算机联锁因轨道电路故障或其他原因造成信号机自动关闭，如何解锁进路？

答：因故障造成信号机关闭，需解锁进路时，首先确认列车及机车车辆动态，并执行车机联控制度，当确认停妥不再移动时，方可按下列规定办理：

(1)未构成接近锁闭时，采用区故解方式逐段办理解锁。

(2)构成接近锁闭或接近区段故障时，且进路内方第一轨道电路区段无故障，采用区故解方式逐段办理解锁。

(3)构成接近锁闭或接近区段故障时，若进路内方第一轨道电路区段故障将信号关闭，则进路上所有未故障区段不能采用区故解的方式解锁，必须等故障修复后才能解锁。

(4)当列车头部已进入进路而未全部压上整条进路，则未压上的进路(区段)不能用区故解的方式解锁。

(5)凡发生设备故障(停送电，显示换屏等)或人工办理解锁进路时，必须严格执行登销记制度，及时通知有关设备单位，并根据其销记要求办理。

6. 计算机联锁对列车经过进路而进路不能自动解锁如何办理？

答：在设备正常的情况下，随着列车头部越过信号机，信号机自动关闭，压上轨道电路区段由白变红，出清后再次变白 3 s 后变青色(复原)解锁。当不能正常解锁时，采用区故解方式逐段办理解锁。

7. 带有延续进路的接车进路如何排列？

答：排列顺序为接车进路始端按钮→接车进路终端按钮→延续进路终端按钮(延续进路终端的列车、调车信号按钮、或专设的延续进路终端按钮)，在办理过程的显示与接车进路相同。

8. 计算机联锁有延续进路的接车进路如何办理取消进路?

答:有延续进路的接车进路应按下列情况办理取消进路:

(1)当未构成接近锁闭时,采用总取消的方式先取消接车进路,再取消延续进路。

(2)当构成接近锁闭时,采用总人解的方式先取消接车进路,然后采用总取消方式取消延续进路。

9. 计算机联锁如何办理有延续进路的发车和提前解锁?

答:有延续进路的到发线,在接车进路开通正线出站时,当与邻站办理好预告(闭塞)后,无论列车是否压上接近区段或进入到发线,都可以办理发车或通过,此时再按压接车进路末端的发车按钮,开放出站信号。当接车进路开通安全线时,自列车前部进入到发线起,延时 3 min 才能解锁。如确认列车已停妥,而延续时间未到,又急需发车时,可采用坡道解锁方式解锁延续进路(按压坡道解锁按钮→口令码→确认→接车线末端发车按钮),延续进路即刻解锁,方可排列发车进路。

10. 哪些情况应使用引导信号或派引导人员接车? 什么是“引导锁闭”? 引导锁闭分几种?

答:进站、接车进路信号机不能使用时,应开放引导信号,引导信号不能开放或无进站信号机时,应派引导人员接车。

引导接车时,为了保证安全,联锁设备从电路中对进路要实行锁闭,叫做“引导锁闭”。引导锁闭不是靠人工加锁而是使用引导按钮或使用引导总锁闭按钮实现的。

引导锁闭分两种:一种是只锁闭引导进路上的所有道岔叫做引导进路锁闭;另一种是把全咽喉区的联锁道岔都锁闭,叫做引导总锁闭。

11. 遇哪些情况应使用引导进路锁闭引导接车?

答:具备下列四个条件时可使用引导进路锁闭引导接车:

(1)进站、接车进路信号机不能显示进行信号,但能正常显示红灯时;

(2)引导进路上的道岔都能正常表示时;

(3)在规定的接车线上办理引导接车时；

(4)引导进路上的岔区出现红光带，但该岔区道岔开通位置符合引导进路的要求时。

12. 遇哪些情况需使用引导总锁闭引导接车？

答：凡进站、接车进路信号机不能使用但能正常点亮红灯时，遇下列情况之一应使用引导总锁闭引导接车：

(1)引导进路上有的道岔失去表示时；

(2)向不是规定的接车线路上办理接车时；

(3)引导进路上的岔区出现红光带，且该道岔开通位置与引导进路要求不符时。

13. 计算机联锁使用引导总锁闭后如何办理解锁？

答：使用引导总锁闭按钮办理解锁。

14. 遇哪些情况需使用引导手信号引导接车？使用手信号引导接车时应遵守哪些规定？

答：(1)遇下列情况之一应使用引导手信号引导接车：

①进站、接车进路信号机不能点亮红灯时；

②进站、接车进路信号机不能点亮白灯时；

③双线区间由反方向开来列车未设进站信号机时。

(2)使用手信号引导接车时应遵守下列规定：

由引导人员接车时，应在引导员接车地点标处（未设置时，引导人员应在进站信号机、进路信号机或站界标外方），显示引导手信号接车。列车头部越过引导手信号，即可收回引导手信号。

15. 进路锁闭有几种状态？

答：进路锁闭有三种状态：

(1)预先锁闭：信号机开放后，它的接近区段还没有列车或调车列驶入前的锁闭。

(2)接近锁闭或叫完全锁闭:信号机开放后,列车或调车列已驶入其接近区段时的锁闭。

(3)故障锁闭:进路不应该锁闭而锁闭或应该解锁而没有解锁。

16. 道岔锁闭的方式有几种?

答:道岔锁闭的方式有四种:

(1)在控制台或显示屏上单锁道岔,道岔按钮点亮红灯,该道岔被锁住,叫做单操锁闭。

(2)排列进路后,进路上点亮白光带时,进路上的所有道岔就被锁住,叫做进路锁闭。

(3)道岔区段有车占用或轨道电路发生故障,该区段内的道岔处于锁闭状态,叫做区段锁闭。

(4)集中区的道岔联锁失效或非集中联锁的道岔需要加锁时,使用勾锁器等将道岔锁于所需位置,叫做人工锁闭。

17. 遇哪些情况以调度命令作为行车凭证,向区间发出列车?

答:(1)向封锁区间发出救援列车。

(2)列车分部运行,进入封锁区间挂取遗留车辆。

(3)向施工封锁区间开行路用列车。

(4)单线区段的车站,经闭塞电话、调度电话或其他电话呼唤 5 min 无人应答时,封锁区间,按封锁区间办法向不应答站发出列车。

(5)调度集中区段,由列车调度员办理接、发列车,调度命令用作允许列车运行的行车凭证。

第十一篇　调车工作

第一章　相关知识

1. 什么是“STP”，主要功能有哪些？

答：STP是无线调车机车信号和监控系统的简称，用于站场调车作业安全防护的综合控制系统。主要具有将站场信号、区段状态、进路信息、调车作业通知单等信息通过无线方式传输至调车机车及各车务终端，实时显示调车作业动态并完成防止冒进信号、调车超速等安全控制功能，是调车作业的重要行车安全设备（图11-1-1）。

2. 使用无线调车灯显设备调车作业需注意什么？

答：(1)使用无线调车灯显设备作业时，取消手信号显示。遇无线调车灯显设备故障（不足或未配备）时，应采用调车手信号作业。调车人员发出信号指令和用语时，应做到正确及时、信号准确、用语标准、吐字清晰。

(2)使用无线调车灯显设备指挥调车作业时，必须执行单一指挥的原则，指挥机车的调车指令和用语，只能由调车长发出。当发现危及人身和行车安全时，其他调车人员应及时发出停车指令或用语，司机接收到停车指令或用语后应立即停车。

(3)使用无线调车灯显设备调车作业时，不允许发出与调车作业无关的用语；推进运行在有“测机”信令的状态下，不得进行标准用语以外的通话联系；不允许私自变更频率；其他无关人员不允许使用；调车长不允许向连结（制动）员放权使用；调车作业人员不到位，不允许指挥动车或作业；不允许简化调车作业程序等。

调车机车
天线
平面调车信号
DJK-T1车载主机
GPS
数传电台
CAN
RS232
LKJ2000监控装置
CAN
(双路)
LKJ2000彩屏
RS485
应答器查询器
应答器天线
应答器(128/1Bit)
天线
应答器(128/1Bit)
运转室/区长室
机械室
联锁信息设备接口
(TDCS/CTC/计算机联锁)
电台
车务终端
维修终端
RS422/485
Ethemet
地面主机(双套)

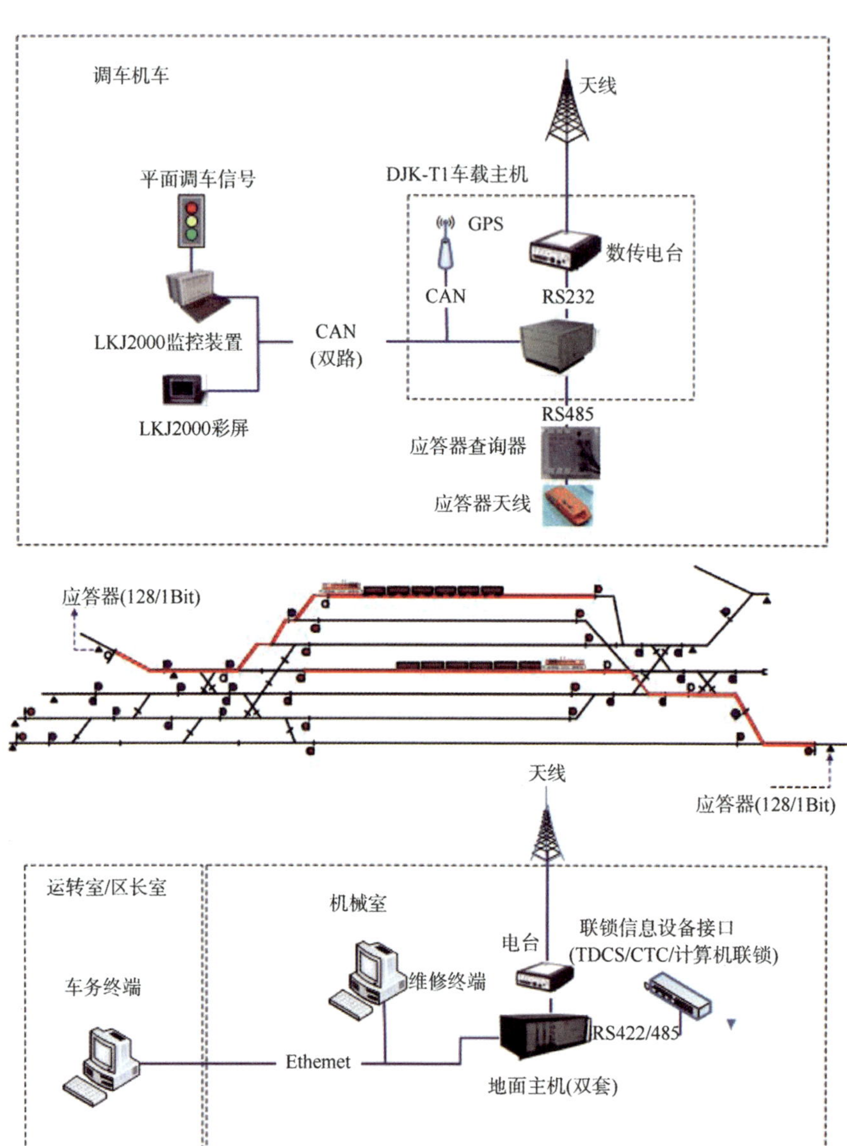

图 11-1-1

3. 调车手信号的用途是什么?

答:手信号是铁路现场广泛采用的一种视觉信号。根据行车的需要,可以机动地指挥列车运行和调车作业,也可作为联系和传达行车有关事项的旗(灯)语。调车手信号是在调车工作中指挥调车机车活动时的手信号,调车指挥者通过调车手信号的不同显示,控制调车机车的运行方向、起车、停车、加速和减速等。因此,调车指挥人应正确及时地显示手信号,调车机车司机应正确及时地执行手信号的要求,以保证调车作业的安全、高效。

4. 牵出线路基宽度为什么要大于其他线路?

答:《技规》规定"牵出线的中心线至路肩边缘的宽度,不得小于 3.5 m",显而易见,牵出线的路基宽度要大于其他线路的路基宽度。因为车站牵出线主要用于列车的分解、甩挂或进行编组,所以大量的调车作业在此进行,调车人员在牵出线上下车作业亦十分频繁。为了保障调车人员作业方便和人身安全,必须提供较平坦和宽敞的作业条件。因此,牵出线的路基宽度规定为不得小于 3.5 m,要大于其他各线的路基宽度。

5. 如何计算平均钩分?

答:钩分的计算方法为:用每一种调车作业方法的总钩数去除该项作业所消耗的作业时分,就是该项作业方法的平均钩分。它是分析考核调车作业效率的一项指标,亦是车站制定计划和研究改进工作的依据。

第二章　名词解释

1. 什么是调车?

答:除列车在车站的到达、出发、通过及在区间内运行外,凡机车、车辆进行一切有目的的移动,统称为调车。如列车的编组、解体、摘挂、转线、车辆的取送、转场、整理以及机车的转线、出入段等,都属调车。

2. 什么是解体调车?

答:将到达的车列按车组分解到指定的线路上称为解体调车。

3. 什么是编组调车?

答:根据列车编组计划、列车运行图、有关规章制度和特殊要求,将车辆选编成车列或车组,称为编组调车。

4. 什么是摘挂调车?

答:列车进行补轴、减轴、换挂车组及车辆甩挂等作业,称为摘挂调车。

5. 什么是取送调车?

答:为实现装卸货物、检修、洗刷消毒车辆等目的,向指定地点送车或取回车辆的作业,称为取送调车。

6. 什么是越出站界调车?

答:因受调车设备限制需越过进站信号机或站界标进入区间的调车作业,称为越出站界调车。

7. 什么是跟踪出站调车?

答:列车由车站发出后,间隔一定的距离或时间,跟随列车后部越出站界进入区间在规定的距离内进行的调车作业,称为跟踪出站调车。

8. 什么是手推调车?

答:按有关规定,使用人力推动车辆达到调移车辆位置或对货位的目的,称为手推调车。

9. 什么是调车钩?

答:调车钩是指调车机车完成一次摘车、挂车或溜放车辆等调车作业的行程,它是衡量调车工作量的一种基本单位。按调车作业方法的不同,调车钩一般又分为连挂钩、推送钩、溜放钩、转线钩、驼峰解散钩及取送钩等。

10. 什么是连挂钩?

答:机车(或挂有车辆)驶往线路内连挂车辆后牵出至开始进行下一项作业地点的调车钩。

11. 什么是推送钩?

答:机车将车组推送至线路内的预定地点摘车后,返回至开始进行下一项作业地点的调车钩。

12. 什么是溜放钩?

答:机车用溜放方法完成摘车作业的调车钩。

13. 什么是分部解体?

答:因作业组织和设备影响,解体车列需分几次牵出进行分解时,称为分部解体。

14. 什么是坐编?

答:是指到达解体列车内有符合出发编组要求的车组,将其保留在到发线上作为编发车列的基本部分,再编挂上其他车辆,即编成新车列的作业方法。

15. 什么是试拉?

答:为防止车辆在推进或牵引走行中脱钩,在机车车辆连挂后进行的一次车列拉动试验,以便确认车辆的连结状态。

16. 如何识别关门车?

答:确认关门车时,可根据制动支管上截断塞门手把位置来判断:手把与支管互相垂直时,是关门车;手把与支管平行时,不是关门车。截断塞门没有手把时,可根据截断塞门螺帽上的划槽来判断:划槽与支管垂直时，是关门车；划槽与支管平行时，不是关门车（图 11-2-1、图 11-2-2）。

图 11-2-1

图 11-2-2

17. 什么是基本鞋、辅助鞋？

答：基本鞋是指事先放在钢轨上，车组第一轮对压上的铁鞋，其主要作用是为了减速。车组溜行速度低时，也可以在不放辅助鞋的情况下，起目的制动的作用。辅助鞋是在车组走行过程中，用铁鞋叉子将铁鞋放在同一车辆的两个台车之间，或两相邻车辆的前后台车之间钢轨上的铁鞋，其主要作用为目的制动。对大组车也可起减速制动的作用，后起目的制动作用。

18. 什么是易行车、难行车？

答：车辆体积大、重量轻，如装载轻浮货物的车辆、空棚车、空敞车等，因车辆冲力小，溜出后走行慢，叫作难行车；车辆重量大，体积小，如装载钢、煤、粮、矿石等重质货物的敞、棚、平车等，车辆冲力大，溜出后走行快，叫作易行车。

19. 什么是难行线、易行线？

答：经过道岔、曲线多，阻力较大，车组难以溜行的线路为难行线；经过道岔、曲线较少，阻力较小，车组容易溜行的线路为易行线。

20. 什么是选闸、试闸、磨闸、调闸、撂闸？

答：是有效进行人力制动机制动的重要环节。制动人员在作业前，选择制动车辆、人力制动机类型、位置等作业，称为选闸。为保证人力制动机的制动性能，对人力制动机进行制动性能试验的过程，称为试闸。在“雨、露、霜、雪”天气，轨面及车轮踏面有水或装载防腐枕木、油、盐的车辆，若有油、卤滴在车轮和闸瓦上，都会降低摩擦系数，减低制动力。遇到以上情况，溜放车辆前必须进行磨闸，即拧紧人力制动机使闸瓦与车轮短时间摩擦，以清除踏面上的水迹、油、卤，增加制动效能。通过采用一紧一松间歇的拧闸方法，使车组均匀降速平稳前进的方式，称为调闸。用人力制动机对溜出车组实施制动的过程，称为撂闸。

21. 什么是要道还道？

答：当联锁失效或在非集中区段，准备接发列车或调车作业进路的有关人员之间，为确认进路正确，按规定使用的一种人工联系进路的方式，称为“要道还道”。

22. 什么是推送调车法?

答:凡使用机车将车辆由一股道调送到另一股道,须停车后进行摘车的调车方法,称为推送调车法。

23. 什么是溜放调车法?

答:使用机车推送车列达到一定的速度,在行进中摘钩,使摘离的车组利用所获得的运行动能与速度,溜向指定地点的调车方法,称为溜放调车法。

24. 什么是双防溜?

答:双防溜是指同时使用车辆人力制动机(人力制动机紧固器)和铁鞋(止轮器)对车辆采取的防溜措施。

25. 什么是"放风、排风"?

答:在车列进行调车作业前,打开车辆折角塞门,放出车列制动主管内压缩空气的作业过程,称为放风。在车列进行调车作业前,拉动车辆的拉风缓解阀,排出副风缸内的余风,使自动制动机缓解的作业过程,称为排风。

26. 什么是铁鞋,有何作用?

答:铁鞋是一种对运行中的车辆进行制动,或者为防止停留机车车辆溜逸的铁路设备,分为制动铁鞋和防溜铁鞋两种。工作原理在于让车轮踏面压上位于钢轨面上的铁鞋,增加轮对与钢轨的摩擦系数,提高轮轨摩擦阻力,进而实现车辆制动或防止溜逸。

27. 什么是防溜枕木,有何作用?

答:枕木上刻有两道斜向分布的与钢轨轨距相当,且能卡套于钢轨面的凹槽木枕(或橡胶合成枕木),枕木应在中间部位加装长度为 1 m 铁皮,并使用宽度为 70 mm 的红色反光膜及白油漆贴刷成红白斜线。防溜枕木的作用在于阻止车轮转动,防止停留车辆发生溜逸。

第三章　基本要求

1. 调车工作的重要性有哪些?

答:调车工作是完成铁路运输任务过程中的重要组成部分,也是车站的重要工作。在办理客货运业务的车站都有数量不等的调车工作,对编组站和区段站来说,调车工作更是其主要生产活动,它对完成车站的数量和质量指标起着重要作用。调车工作对提高运输效率、降低运输成本、保证铁路畅通无阻、四通八达、安全正点起着重要作用。

2. 调车工作是如何分类的?

答:调车工作按作业目的不同分为:解体调车、编组调车、取送调车、摘挂调车、其他调车。按设备不同分为:牵出线调车和驼峰调车。

3. 调车作业中必须看清哪些情况方准发出调车信令(显示信号)?

答:所有参加调车作业的人员,都必须在看清情况后,方准发出调车信令(显示信号),不准盲目指挥。需要看清的一切情况是指:线路占用情况、停留车位置情况、道岔开通情况、车下障碍物检查情况、检修线及装卸线作业情况、调车组人员分布情况、工具备品准备情况、车辆走行情况、其他机车车辆活动情况、调车机车走行速度情况、行人横过线路或道口(平过道)活动情况等。

4. 调车作业上、下车应注意什么?

答:上车前应注意车梯、手把杆、低边车的侧板和机车脚踏板的牢固状态,尤其对杂型车辆更须注意。不准别腿上车和迎面上车。上车及运行中必须抓紧、站稳;上下车时必须注视地面是否平坦,有无障碍,在有雨雪天气应注意防止滑倒。对上下平车时,因把手过低更要留心,以免被警冲标或其他障碍物打伤。

第四章　作业计划

1. 为什么调车作业要有书面计划?

答:调车作业计划是调车组的行动依据,车站调度员(未设车站调度员的为调车区长,未设调车区长的为车站值班员)组织领导调车工作都是通过调车作业计划来实现的。由于参加调车作业的工种多、地点分散,一批作业的钩数多时不易记忆,同时考虑到利用本务机进行调车作业的中间站,司机对车站设备及停留车位置均不够熟悉,夜间照明不很充分等情况,为了使有关人员对计划心中有数、行动一致,所以调车作业要有书面计划(《技规》《行规》[①]规定可不使用调车作业通知单的情况除外)。

2. 哪些调车作业可不编制书面计划? 传达计划需注意什么?

答:列车在到达线路内拉道口、对货位、直接后部摘车、本务机车(包括重联机车、补机)摘挂及转线、企业自备机车进入站内交接线整列取送作业、自轮运转特种设备、救援列车转线可不使用调车作业通知单。传达调车作业计划时,车站值班员(列车调度员、车站调度员、调车区长)须使用语音记录装置作用良好的列车无线调度通信设备(无线调车灯显设备)向机车乘务员布置,并将作业意图和注意事项布置清楚,机车乘务员复诵无误后方可执行。

3. 一批作业计划能变更几钩? 钩数如何计算?

答:一批作业计划,系指一张调车作业通知单中所列的钩数。一批作业变更计划总数不得超过三钩,超过三钩时,调车领导人应重新编制书面计划。

关于钩数的计算方法,一般规定为:增加一钩算一钩;减少一钩算一钩;变更一钩算一钩,连续取消钩数算一钩;变更一个同一股道的所有钩数算一钩;变更编解列车的先后顺序算一钩。但最后两种变更,每批作业只准一次。

---

① 《行车组织规则》,下同。

4. 接续计划有何要求?

答:连续作业要做好计划的衔接,必须于作业开始前 10 min 下达。调车领导人与调车指挥人亲自交接计划后,调车指挥人根据作业计划制定具体作业方法连同注意事项,亲自向司机交递和传达。对其他有关人员,调车指挥人可亲自或指派连结员进行传达,但必须确认有关人员均已了解调车作业计划后,方准执行。

5. 调车计划保管有什么规定?

答:调车作业中调车人员对调车作业计划要妥善保管,严禁未作业完毕丢弃计划,以防作业中忘记计划内容,盲目作业危及人身及作业安全。每班调车作业完毕,由调车领导人负责将每批调车作业计划(一份)整齐装订,交回车站(车间)保管,留存备查。

6. 穿插调车作业有什么规定?

答:(1)一批调车作业中在同一站场、货场内连续倒钩作业时,对临时停留的车辆使用铁鞋防溜时可不使用防盗功能;如穿插有专用线(专用铁路)、货物线取送车、越区转场作业调车时,必须使用防盗功能。

(2)仅配备一个调车组的车站,遇特殊情况在一批调车作业过程中确需穿插执行其他调车作业时,必须停止正在执行的调车作业。穿插作业结束后,调车领导人必须重新下达调车作业计划,并按规定进行布置、传达。

(3)调车作业在站内交接班、吃饭后不得连续使用同一批计划,接班、吃饭后须重新编制下达新的调车作业计划。

第五章　调车作业

1. 什么情况下显示"十、五、三车"距离信号?

答:推进连挂车辆或在尽头线作业时,调车人员向调车长或调车长向司机显示的推进车辆前端距被挂车辆之间距离的联系信号(信令)。当推进连挂的车辆前端距离停留车约十车(110 m)、五车(55 m)、三车(33 m)

时，分别显示相应的十、五、三车距离信号（信令）。如不足十车距离，显示“五车”信号；不足五车距离，显示“三车”信号，不足三车距离时，显示稍行移动信号。十车距离内，不显示减速信号。司机应依据调车指挥人显示的信号，及时调整速度。没有司机回示，应立即显示停车信号。信号不明，立即停车。

2. 什么情况下应显示停留车位置信号？

答：连挂车辆时，遇有天气不良、照明不足或地形地物等影响，调车指挥人确认停留车位置有困难时，应派人在停留车的连挂一端显示停留车位置信号，以利安全（图 11-5-1）。

图 11-5-1

3. 为什么没有看到调车指挥人的起动信号不准动车？

答：信号是对调车作业行动发出的命令，是安全迅速进行调车作业的先决条件，所以，调车机车挂车或摘车后，司机没有看到调车指挥人的起动信号，不准动车。

4. 单机挂车时调车指挥人如何显示信号？

答：单机挂车时，虽司机视线不受影响，调车指挥人可不显示十、五、三车距离信号，但为保证挂车作业的安全，当与被连挂的车辆接近三车距离时，应显示连结信号（使用手信号时应显示连接信号（图 11-5-2），司机鸣笛回示后再显示稍行移动信号(图 11-5-3))。没有连结信号,司机不准挂车。

图 11-5-2　连结信号

图 11-5-3　指挥机车向显示人方向稍行移动的信号

5. 哪些调车作业应进行试拉?

答:为了检查车辆连挂状态,凡列车编成或列车进行摘挂作业后,以及推进车辆运行前,都要进行试拉。同一线路连续连挂车组间隔超过 10 车时,应进行试拉或顿钩。

6. 推进车辆运行时,调车指挥人显示信号时应站在什么位置?

答:使用手信号调车作业推进车辆运行时,调车指挥人应站在既易于确认前方进路,又能掌握调车人员动态,同时还能使司机看见其显示信号的位置。如不能兼顾时,调车指挥人应站在能使司机看见其显示信号的位置，车列前部再指派其他调车人员确认进路，并及时向调车指挥人显示信号。

使用无线调车灯显设备推进车辆运行时，调车指挥人应站在易于确认前方进路及掌握调车人员动态的位置，并正确及时的向司机发出调车信令。

7. 转场及在超过 2.5‰坡度的线路上调车作业时，为什么要连结车辆软管?

答：因为转场作业运行距离长，需要跨越正线或影响其他调车区作业，所以应加强车列的制动能力，以便遇到特殊情况可以随时停车；在超过 2.5‰坡度的线路上（驼峰作业除外）调车，特别是去坡度较大的专用线取送作业，需要有较强的制动力，因此，需连结车辆软管。

8. 摘结软管、调整钩位、处理钩销时应注意什么?

答：（1）带风作业时，必须执行一关（关折角塞门）、二摘（摘软管）、三提钩的作业程序。

（2）摘接软管、调整钩位、处理钩销时，必须等列车、车列停妥，并得到调车长的回示，使用平调设备按下“紧急停车”键锁闭防护（使用手信号，昼间由调车长防护，夜间向调车长显示停车信号）。

（3）调整钩位、处理钩销时不要探身到两钩之间。对平车、砂石车、罐车、客车及特种车辆，应特别注意端板支架、缓冲器、风挡及货物装载状态等。

9. 什么是堵门车和追尾? 怎样防止和处理?

答：车辆停留在接近警冲标的地方但不压标，或车辆虽停在警冲标内方有一定距离，但容纳不下所溜放的车组时（包括铁鞋制动的安全距离）统称为堵门车。前行车辆溜行速度比预期的要求慢或“堵门”，被后一组车在溜行中追上的现象，称为“追尾”。为防止“堵门”“追尾”，必须认真细致地做好排风工作，调车长要根据风向、车组性能、正确掌握车辆走行速度；使用减速器调速时，要瞻前顾后，既要保持车组间隔又要考虑后续车组下峰，不要夹停，也不要造成前慢后快。发现“堵门”“追尾”可能时，应迅速停止作业。峰上发现有“追尾”可能时，应通知峰下对后组车紧急制动。扳道员、信号员发现后续车有进入同一线路或邻线造成车辆正面或侧面冲突的危险时，应急速扳道，将后车组放入其他线路，并通知制动人员制动。

10. 驼峰解散车辆时为什么会发生“钓鱼”？怎样处理？

答：产生“钓鱼”的原因，主要是提钩点掌握不当，错过了提钩时机。其他如临时发现软管未摘、提钩链未绑好或提钩杆失灵，在提钩点以前不能提钩，也会产生“钓鱼”。“钓鱼”以后，要根据不同的情况进行处理：

(1)“钓鱼”的车组为大、中组车且又进入易行线时，调车指挥人可指挥司机加速推进。在机车加速、车钩压缩的一瞬间提开车钩。这种方法必须要配合好，抓住提钩时机，否则会越推越“钓”，最后即使提开车钩，车组也可能溜不到位，造成堵门。

(2)小组车及难行的大、中组车进入难行线发生“钓鱼”时，则需指挥将车列回拉至提钩点以前，重新推送提钩。

11. 什么是单钩溜放法？如何做好单钩溜放？

答：调车车列每加速减速一次溜放一个车组，而且在溜出一组之后调车车列向牵出线回拉一次时，称为单钩溜放法。至于调车车列是否向牵出线回拉，仅根据需要而定。

单钩溜放的关键是调车长严格掌握好溜放速度。若过大则不易在指定地点停车，或与停留车产生相撞的事故，并增加调车行程和延长“钩分”；若过小又会使车辆不能进入警冲标内方而造成重复作业。因此，提高单钩溜放效率的重要条件，是正确掌握溜放速度。单钩溜放法一般在牵出距离短，先溜后送或不便于采用其他溜放法时采用。

12. 什么是连续溜放法？如何做好连续溜放？

答：调车车列不变更运行方向，连续加速或减速，每加速和减速一次溜出一个车组，连续溜放几个车组才向牵出线回拉一次，这种一次推进连续溜放几钩车组的方法，称为连续溜放法。

为做好连续溜放，应掌握以下几点：

(1)缩短每次减速和加速的距离。为增加一次推进中连续溜放的钩数，减少回拉次数，力求做到一次甩完不回拉。为此应采用分批作业方式，使机车少带车。为加大制动力，可将靠近调车机车最后才甩出的 5～

6 辆车连结上车辆软管。

(2)提高溜放速度，加快溜放进程。每次减速不应使速度减得过低，连结员一人提钩有困难时，对第一批溜出的车辆，可由制动员协助提钩。

(3)加强制动工作的组织。除在“拉车”时做好选闸、绑链、排风摘管等准备工作外，在溜放前要落实每一钩车的提钩和制动工作计划。在设备条件许可的车站，制动员可实行接力式制动方法。

(4)要掌握好车组间隔。为使扳道员能安全地扳动道岔和使各车组间能拉开必要的空当，前后两车组间的间隔，在分歧道岔处应有不少于15 m 的距离。但是，间隔距离也不能过大(20～30 m 范围内)以免降低调车作业效率。

13. 什么是多组溜放法？如何做好多组溜放？

答：调车车列每加速、减速一次同时溜出几个车组，前后各车组之间借车辆走行性能不同和使用人力制动机调速拉开空当，使各车组分别进入指定线路，称为多组溜放法。

做好多组溜放的关键是起步加速快和脱钩早，以便于调速车组间隔。因此，调车指挥人必须掌握好溜放速度，过高或过低容易造成撞车或返钩。同时要求担当人力制动机人员要注意与前行车组在分歧道岔前拧动人力制动机时要保持有足够的间隔距离。

14. 什么是惰力溜放法？如何做好惰力溜放？

答：惰力溜放和多组溜放相似，也是每一次加速、减速同时溜出几个车组，但是这些车组不是一钩同时溜出在途中分解，而是利用机车不断制动和缓解的方式，造成车钩往复伸缩，并在车钩压缩时提钩，伸张时溜出一个车组，各车组间借提钩先后的时差和脱离车列时的速差形成间隔，称为惰力溜放法。

15. 什么是牵引溜放法？为什么不准采用？

答：牵引溜放又叫倒溜放，是当机车牵引车组或车辆运行时，待达到一定速度后将机车突然摘开，使单机(或挂有一部分车辆)加速进入一线，越过道岔后，迅速转换道岔位置，使后部车辆溜入他线，称为牵引溜放法。

这种调车方法对司机、调车人员、扳道人员相互配合的要求比较高，必须严格掌握减速、加速和扳道的时机，如稍有失误，就会产生不良后果，所以不准采用牵引溜放法调车。

16. 什么是越区和转场作业？如何办理越区和转场作业？

答：越区是指越出《站细》划分的调车作业区域。

转场是指机车牵引或推送车列由一车场转往另一车场的调车作业。

越区和转场作业办法如下：

(1)越区、转场作业前，调车领导人须先将越区(转场)的时间、地点、辆数及有关事项，与进入(包括经由)区、场调车领导人联系，并取得同意后，再向本区有关人员布置。进入(包括经由)区、场的调车领导人在同意后，应及时向本区有关人员布置。

(2)扳道人员，应按本区(场)调车领导人的布置，停止相抵触的作业，确认线路空闲，并准备进路。

(3)越出区的调车领导人，在接到进入区进路准备妥当或同意转场的通知后，方可通知本区扳道人员办理越区(转场)作业相关进路，调车指挥人按规定指挥越区(转场)作业。

(4)划区(场)的车站，不论有无固定信号设备，均应制订越区(转场)的联系办法，纳入《站细》，作业时必须按《站细》中的有关规定办理。

17. 峰上提钩应掌握哪些特点？

答：峰上提钩工作，除与牵出线溜放提钩要求相同外，由于线路纵断面不同，要特别注意掌握时机和位置，原则是："宁可峰上慢，不叫峰下乱，坚决不提危险钩"，并应掌握下列特点：

(1)根据不同车组的脱钩点掌握提钩时机。一般情况下，小组车越峰不超过 1/2、大组车越峰不超过 1/3 时提钩。但大组车前重后空时，提钩时机还要提早，反之，前空后重则可稍延迟。

(2)正确组织提钩，做到"钩不脱、手不离"，"前钩不脱，后钩不提"，"交叉提钩、呼唤应答"。

(3)前组人力制动机制动、后组铁鞋制动时，前组车未进入有关警冲标内方，后组车不得提钩。

18. 怎样做好峰上照顾峰下、峰下适应峰上的作业?

答:驼峰作业中,峰上必须考虑峰下作业的具体条件,不可片面求快;峰下必须满足峰上作业的要求,不可片面贪图方便。应相互关心,密切配合,以保证安全,提高效率,完成任务。

峰上照顾峰下要做到:

(1)向同一线路连续溜入几组隔钩车或连续解散小组车时,一般前行车组速度要高,以后的车组速度要逐减,防止前慢后快,必要时可采取瞬间停车,拉开车组距离。

(2)解散车组的股道分散,而同一制动员所包的线路又连续溜入车组时,要考虑制动员由一股线路转往另一股线路的时间性,控制车组下峰时机。

(3)停留车接近末端警冲标或易行车向易行线溜放时,要适当降低速度。

(4)车组中有不适于上鞋的车辆,装载易窜动货物的车辆,车组的组成是大头小尾等情况时,应及时通知峰下,提醒峰下人员注意安全。

峰下适应峰上要做到:

(1)向空线溜入的第一组车要放到底(横向划分区域时为安全区外方)使线路多容纳车辆。

(2)要缩小天窗,钩钩到位,避免机车下峰顶送或变更计划。

(3)连续小组车在峰上变速较困难,过多停车又影响效率,脱鞋组长应亲自或派人在有关线路"把门",做好调速,保证峰上等速解散。可能时,应采取紧急措施,将后组车放入邻近线路,并通知制动员制动。

第六章　特殊规定

1. 跟踪出站调车为什么规定最远不得越出站界 500 m?

答:跟踪出站调车规定最远不得越出站界 500 m,这是考虑前发列车有途中退行的可能,按《技规》的规定,退行列车在未得到后方站车站值班员准许时,不得退行到车站的最外方预告标或预告信号机的内方,也就是不能退到距进站信号机 800～1 100 m 以内,这样退行的列车与跟踪调车的机车车辆尚有 300～600 m 的安全间隔距离。

2. 哪些线路禁止停留机车车辆？为什么？

答：安全线、避难线、机车固定走行线上禁止停留机车车辆。在超过6‰坡度的线路上，不得无动力停留机车车辆。

因安全线、避难线是为了防止列车和机车车辆冲突而设置的，如果在该线上停留机车车辆，不仅失去了它的作用，反而增加了造成冲突的机会。机车固定走行线是为了减少机车出入段与接发列车进路互相干扰而设置的，如在该线上停留机车、车辆，势必使机车出入段变更走行进路，这不仅延长机车出入段时间，影响机车整备和按时发车，还会对车站接发列车工作造成干扰。在超过6‰坡度的线路上，极易发生机车车辆溜逸，安全风险大，因此禁止无动力停留机车车辆。

3. 哪些车辆应停放在固定线路上？有何要求？

答：装载爆炸品、气体类危险货物的车辆及救援列车，必须停放在固定的线路上，两端道岔应扳向不能进入该线的位置并加锁。爆炸品、气体类危险货物等危险品，具有对冲击、火焰很敏感的特性，万一发生意外，其后果严重。为此，对装载这些物品的车辆，必须停放在固定线路上，两端道岔应扳向不能进入该线的位置并加锁，以防其他车辆误入。在选择这些车辆的固定线时，应尽可能远离房舍、住宅及其他建筑物，并应与列车运行和调车繁忙的线路保持一定间隔。

救援列车担负着事故救援的紧急任务，为保证在需要时能及时出动，亦必须停放在固定的线路上。该线路不得停放其他机车车辆，并须将两端道岔置于不能进入该线的位置并加锁。

4. 临时停留公务车的线路有何要求？

答：为了保证公务车上有关人员的正常工作和休息，对临时停留公务车的线路，除应将道岔置于不能进入该线的位置并加锁外，一般不准利用该线进行与其无关的调车作业。集中操纵的道岔，应在控制台上将道岔开通邻线，并将道岔单独锁闭。

5. 在车站进行调车作业时，车辆的摘挂和软管的摘结由谁负责？

答：货物列车本务机车在车站调车作业时，无论单机或挂有车辆，与本列的车辆摘挂和软管摘结，均由调车作业人员负责。如货物列车在车站不进行摘挂作业，只进行摘机、转线时，其车钩的摘挂及软管的摘结均由机车乘务员负责。

6. 非进路调车有何规定？

答：在某些调车作业繁忙的车站，根据调车作业需要，设置有非进路调车设备，以方便车站利用集中联锁区的牵出线的推送线进行解编作业。非进路调车时，集中联锁区固定一条调车进路，且该进路上相对方向的调车信号机全部开放，调车信号不受进路占用和出清影响，只在取消非进路调车后，调车信号才会关闭。

7. 什么是驼峰？分哪几部分？

答：驼峰是将调车场始端道岔区前线路抬到一定高度，主要利用其高度和车辆自重，使车辆自行溜到调车线上，用以解体车列的一种调车设备。

驼峰范围是指峰前到达场（或牵出线）与调车场头部之间的部分线段。它包括：推送部分、溜放部分和峰顶平台三部分（图 11-6-1）。

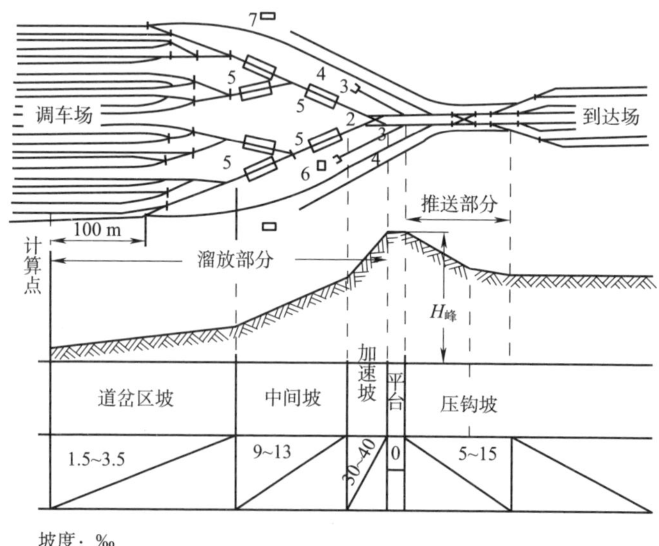

图 11-6-1　驼峰

第七章　实作技能

1. 调车人员在作业中如何观距？

答：观距是观测推送车列或溜放车组与停留车间的距离。观距一般是以一些建筑物或电杆、停留的车辆等为目标，然后用对比的方法来确定走行中的车辆与停留车辆的距离。如：比照邻近线路上的存车数，来判定车辆与存车间的距离；比照电杆数目、鞋墩或上鞋标记、钢轨根数等，来判定车辆与存车间的距离。在使用这些办法时，应当记清这些目标间的距离和本身的长度。此外，站场中的其他建筑物或固定设施间都有固定距离可比照参考。只要调车人员牢记这些距离，注意观察、反复练习，就可观测出较准确的距离。

2. 调车人员在作业中如何观速？

答：观速即是调车人员在车上低头看枕木头或石碴的状况来判明车辆的走行速度。如调车场每节钢轨的长度为 12.5 m，下铺 18 根枕木，能较慢地数清枕木根数时，约在 4 km/h 左右；能较快地数清枕木根数时，约在 7 km/h 左右；能看清而数不清时，约在 10 km/h 左右，接近看不清枕木根数时，约在 15 km/h 左右。

如能清晰地看清石碴形状时，约为 7 km/h 以下，一般地看清石碴形状时，约在 7～10 km/h；看不清或接近一线时，约在 13～17 km/h；成一条线时，在 25 km/h 以上。

3. 调车人员在作业中如何步行测速？

答：步行测速就是用人走行的快慢去和车辆走行速度相比较。也就是根据人是慢行、快行、跑步等，来确定车辆走行速度。其比较方法是：

(1)人慢步行走能跟上车组时，一般为 3 km/h 左右。

(2)人正常行走能跟上车组时，一般为 5 km/h 左右。

(3)人快步行走能跟上车组时，一般为 8 km/h 左右。

(4)人慢跑能跟上车组时，一般为 10 km/h 左右。

(5)人快跑能跟上车组时，一般为 15 km/h 左右。

（6）人快跑也跟不上车组时，一般为 20 km/h 以上。

步行测速大都是在挂车或铁鞋制动时采用。

4. 调车人员在作业中如何数数计速？

答：数数计速，就是调车人用自己数数的办法来计算车辆走行速度。每数一下为 1 s（或 0.5 s），数两下就是 2 s（或 1 s），而后根据车辆走完一定距离所需的时间（s）来计算。计速所用的距离可以采用设备的固定距离，如电杆间一般为 50 m、30 m 两种标准；钢轨一般为 12.5 m、25 m 长度；上鞋、鞋墩一般为 20 m 或 15 m；车辆换长有 1.0、1.1、1.2、1.3 等多种。有了固定的距离，再练好数秒的本领，应可以用眼看车辆经过固定距离的时间秒数或耳听车轮两次打击钢轨接头声音的时间秒数，计算出速度来。

其计算公式为：速度（km/h）＝（距离（m）/时间（s））×3.6

5. 上车的基本要领是什么？

答：（1）选车。面向前方（机车、车辆运行方向）选择好前方无障碍的上车地点，随后转向来车方向，目视预选良好车梯的车辆，找好抓握的扶手（车梯）。

（2）助跑。当车行速度较低时（一般在 5 km/h 以下），抓住扶手后就可抬腿上车，一般不需要助跑；当车行速度大于 6 km/h 低于 15 km/h 时，就要随车跑几步，经过一小段助跑并及时伸手抓住车辆扶梯（图 11-7-1）。

图 11-7-1　助跑

（3）抓车。抓车前的一刹那，上身稍微往车辆一方靠近，两脚仍应保持向前助跑，眼睛务必盯好扶手的位置，然后伸手抓车（图 11-7-2）。

图 11-7-2　抓车

(4)起跳。助跑并抓住车辆扶梯的同时,手拉、收腹、起跳,眼睛要转向准备落脚的脚蹬,以保证落脚到适宜部位,起跳高度比脚蹬高度稍高为好(图 11-7-3)。

图 11-7-3　起跳

(5)落脚。车梯上落脚之际,手要继续用劲上拉并收腹,这一点很重要。先跳起的一脚先着蹬,当这一脚踏蹬站稳后,随即再将另一脚落下,双脚都用前脚掌落于脚蹬,避免用脚跟着蹬,尤其冬季,脚蹬有冰雪,易向内方滑动。如果未踏上(蹬空)或蹭脱脚蹬时,不能松手,而要保持镇静,在地面上继续快速助跑几步,然后手拉、收腹、起跳上车(图 11-7-4)。

(6)严禁超速上车。除专用调车机外,电力机车、内燃机车停稳上下。上车前,既要全神贯注,整个身心更要有一种节奏感。

图 11-7-4　落脚

6. 下车的基本要领是什么？

答：(1)转身。将上身向外转动，面向前方，目视预选下车地点，注意地面有无冰雪障碍物(图 11-7-5)。

图 11-7-5　转身

(2)下蹲。在车列将运行到预计下车地点前，两手应抓住与自己胸部高度相近的扶手，然后身体再向外转动，与车辆成 90 度角，在转身的同时，外腿即可离开脚蹬尽量下垂，同时另一只脚相应的向下弯曲，随外腿作下蹲动作，外手也应离开扶手垂下(图 11-7-6)。

(3)跳车。当上述动作完成后，车辆运行到需要下车的地点时，垂下的外脚需向前伸，在下车时外脚由前向外转动，借身体重量自然下落，同时里脚稍微用力，蹬脚踏板做跳下动作(图 11-7-7)。在跳车的同时，里手随之立即松开。下车要当机立断，不能三心二意。

图 11-7-6　下蹲

图 11-7-7　跳车

(4)着地。跳下之际,必须臀部下坐,上身后仰,着地时顺势小跑两步,站稳(图 11-7-8)。

图 11-7-8　着地

(5)严禁超速下车。

7. 什么是摘管？有哪些方法？

答:摘管:是调车人员根据调车作业计划要求,在车列分解处,将两辆车的软管摘开。

摘管有两种方法,反手摘管和正手摘管。

正手摘管:右腿伸入两轨间,弯腰曲膝,正面软管紧贴身体,用右手握住反面软管接头附近用力向上提住,使两管接头改变支撑方向即可摘开(图 11-7-9)。

图 11-7-9　正手摘管

反手摘管:右腿伸入两轨间,右手反手握住靠近身体的软管接头附近,用力向上提,软管接头改变支撑方向即可摘开(图 11-7-10)。

图 11-7-10　反手摘管

8. 什么是接管?

答:在机车车辆连挂好后,连结机车车辆间的压缩空气软管,并打开折角塞门的过程,称为接管(图 11-7-11、图 11-7-12)。

图 11-7-11　接管

图 11-7-12　打开折角塞门

9. 摘接软管有哪些注意事项?

答:(1)摘管时禁止手握两软管接头处,以免发生人身不安全因素(图 11-7-13)。

(2)摘接软管时,禁止双脚同时进入道心(图 11-7-14)。

(3)带风作业时,必须执行一关(关折角塞门),二摘(摘软管),三提钩的作业程序。

(4)摘接软管、调整钩位、处理钩销时必须等列车、车列停妥,并得到调车长的回示,昼间由调车长防护,夜间必须向调车长显示停车信号(使用无线调车灯显设备时,按下“紧急停车”键锁闭防护)。

图 11-7-13

图 11-7-14

10. 什么是调整钩位？在曲线上挂车时应注意什么？

答：在连挂前，将进行连挂的车钩调整到便于安全、平稳、可靠连挂的位置，称为调整钩位。在曲线挂车时，应调整好钩位，将两钩头向曲线内侧板动，使两车钩纵中心线相接近，并将两钩舌各开六七成，以加大两钩接触面；降低连挂速度，做好防止溜逸的准备；调整钩位时，必须在停车状态下进行，并应发出紧急停车信令或以停车手信号防护；调车人员站立位置要适当，信号显示要及时（图 11-7-15）。

图 11-7-15

11. 怎样确认车钩连挂状态?

答:调车作业中要特别注意连挂车辆后车钩闭锁位的确认,防止假连挂。只要钩锁铁尾部从钩头作用孔露出少许,形成防跳位,则证明锁闭良好,不会发生车钩分离。为防止确认有误,应按规定进行试拉。

第八章　应急处置

1. 车钩故障应如何处理?

答:(1)锁闭位置不良,常常表现在钩锁铁不能充分落下,原因是由于钩舌尾和钩锁铁两接触面因经常磨损,当磨耗过甚时,车钩就不能正常锁闭。调车人员应根据实际情况处理,无法处理时通知列检。

另一种可能是钩口内存有煤渣、石块等杂物,卡住钩锁铁不能落下,应将杂物清除,用小棍将锁铁脚捅一捅,不要用手指去拨动锁铁脚,以免钩锁铁突然下落,砸伤手指。

(2)开锁位不良,就是提钩人员将钩锁销提起后,当手提杆一放下,钩锁铁随即也落下而又成了闭锁位置。提钩人员遇此情况,只好等待摘钩车组脱钩后,再把钩提杆放下,或从下部向后托动钩锁铁,躲开止跳台,同时提起锁销,可开锁。

(3)全开位不良,就是钩舌不能自动开启,其原因可能是钩锁销的链子太长或者钩锁铁弯曲。在车辆静止状态下,提钩人员用手直接去提钩锁销的锁链,或是一手提动钩提杆,一手去扳动钩舌,使其达到全开位置。在车辆移动且接近连挂的条件下,挂车人员应首先显示停车信号并按规定进行防护后,再进入线路内扳动钩舌,使其达到全开位置。严禁在接近连挂时,抢道心,用手扳动钩舌,千万不能蛮干,蛮干容易发生危险。

2. 车辆拉风不缓解如何处理?

答:第一种情况因列车主管的风已全部放净,此时拉动缓解阀只能放出副风缸的风,列车主管因失去风压就无力使三通阀鞲鞴向右移动,三通阀的排风口和制动缸通向副风缸的排风道路,而不能排出制动缸的余风,故出现拉风不缓解的现象。

处理办法:首先应将缓解阀的拉杆拉开后卡上石子,然后关闭该车一端的折角塞门,在另一端向软管吹气(起人工充风的作用)。促使三通阀鞲鞴稍稍向右移动,这样就构成制动缸与三通阀排风口的道路,使制动缸的余风由三通阀排风口排出。这时制动缸的鞲鞴靠自身弹簧的力量缩回,而使车辆缓解。需要注意的是:在向软管吹气时,一定要把缓解阀拉杆拉开,并卡上石子。否则副风缸的风未放干净,一旦停止向软管吹气,副风缸的风压又将三通阀的鞲鞴推向左移,三通阀的鞲鞴上的滑阀与三通阀排风口的道路,副风缸里的余风随之又跑到制动缸里去,因而就会出现这样的现象;向软管一端吹气就又抱闸。但有时也有这样的情况,就是缓解阀的拉杆已拉开,同时也卡上了石子,而使劲地向软管吹气,可就是不缓解。其原因可能是制动缸鞲鞴的弹簧不灵活,可对制动缸鞲鞴杆适当加以外力,促使制动缸鞲鞴杆缩回而达到车辆缓解的意图。

第二种情况是拉风不排风,即拉风制动员拉动缓解阀,但听不到缓解阀排风口有排风的声音,其原因可能是缓解阀本身的故障所致。

处理办法:遇此情况可用铁丝等物捅一捅缓解阀的排风口,如果仍不排风,可以拆卸缓解阀或拧开副风缸下面的螺丝,实现放风缓解(图 11-8-1)。

第三种情况是在有些车上,如旧型的车上,装有两套制动缸和副风缸。拉风时,必须分别拉动两个副风缸上的缓解阀拉杆,使车辆实现缓解。

图 11-8-1

3. 在提钩过程中如何防止“咬钩”?

答:提钩人员在提钩时,应坚持“扶钩”措施。即,在钩舌开动时,再次提钩提杆,用钩链提动钩锁铁,带动钩舌推铁,推动车钩。

如用提钩叉杆,提开两车钩,也可防止“咬钩”。

4. 调车作业发生挤道岔后如何处理?

答:发生挤道岔时,如果机车车辆停留在道岔上,不要后退,应按顺岔子方向缓缓移动,将机车车辆全部拉过道岔。必须后退的,应检查尖轨损伤程度,不影响使用的将尖轨钉固后,方可进行。复式交分道岔挤道岔后,禁止移动,应通知有关部门经检查并确定处理办法后再进行处理。

5. 调动发生火灾的车辆时应注意哪些安全事项?

答:立即将着火车辆与其他车辆摘开隔离,并将着火车辆拉至易于灭火地点(如消火栓附近或使消防车易于接近点)。要避开桥梁、隧道及其他易燃建筑物、库房或电气设备处,对分解后的车组或车辆要做好补救措施,但绝对禁止使用木止轮器防溜。

调动时,着火车辆与机车,要采取隔离措施,并注意不要将着火车辆拉入隧道内转线。

6. 调车作业中遇调车信号突然关闭或灭灯如何处理?

答:当调车车列未全部驶出该区段而自动关闭或灭灯时,应将情况向调车指挥人和调车领导人汇报并按其指示办理。

车列未压上该区段轨道电路而信号自动关闭(灭灯),因该区段道岔已解锁,道岔能转换。因此,必须立即采取停车措施。如停车后已驶入该区段应及时向调车领导人汇报,按其指示办理。

第十二篇　能力计算

第一章　铁路区间通过能力计算

1. 运输能力计算有哪些种类?

答:运输能力计算有:铁路区间通过能力计算、铁路车站通过能力计算、铁路车站改编能力计算、车站客货设施能力计算。

2. 铁路运输能力是如何体现的? 铁路运输能力取决于哪些因素?

答:(1)铁路运输能力是运输生产过程中,通过固定设备和活动设备以及运输组织三者的相互作用而体现的,一般采用通过能力和输送能力两种概念。

(2)铁路运输能力既取决于固定设备的设置数量和相互配置结构,又取决于活动设备的时空配置,还取决于固定设备和活动设备的相互配合。

3. 什么叫铁路通过能力? 铁路通过能力取决于哪些固定设备?

答:(1)取决于固定设备设置条件的铁路运输能力统称为铁路通过能力。

(2)铁路通过能力取决于区间、车站、机务段设备和整备设备、蒸汽牵引区段的给水设备、电气化区段的供电设备。

4. 通过能力有哪三种概念?

答:设计通过能力,现有通过能力,需要通过能力。

5. 什么叫输送能力?

答:取决于活动设备的数量和配置的铁路运输能力称为输送能力。

6. 什么叫无效能力? 它有什么特点?

答:在运输能力中总是存在而不能被利用的部分,称为无效能力;而实际被利用的能力称为实际有效能力。无效能力是客观存在的,是不可避免的。

7. 什么叫运行图周期 $T_{周}$?

答:在平行运行图上,同一区间内同方向列车的运行速度都是相同的,并且上下行方向列车在同一车站上都采取相同的交会方式。从这种平行运行图上可以看出,任何一个区间的列车运行线,总是以同样的铺画方式一组一组的反复排列着。这样一组列车占用区间的时间,称为运行图周期 $T_{周}$。

8. 什么叫困难区间?

答:列车区间运行时分对运行周期的大小起主要作用。在运行周期里,$\sum t$ 运最大区间,称为困难区间。

9. 何为限制区间?

答:通过能力大小与 $T_{周}$ 成反比,$T_{周}$ 越大,通过能力越小。在整个区段里,$T_{周}$ 最大的区间也就是通过能力最小的区间,称为该区段的限制区间。限制区间的通过能力即为该区段的区间通过能力。

10. 何为非平行运行图的通过能力?

答:非平行运行图的通过能力,是指在旅客列车数量及其铺画位置既定的条件下,该区段一昼夜内所通过的货物列车和旅客列车对数(或列数)。

11. 计算非平行运行图的通过能力有哪两种方法?

答:图解法,分析法。

12. 简述以非平行运行图平均最小列车间隔时间计算铁路区间通过能力的计算程序?

答:(1)划分列车种类组;

(2)确定类型运行列车组数及出现相同运行列车组的概率;

(3)确定类型运行列车组最小列车间隔时间和平均最小列车间隔时间;

(4)确定晚点列车平均进入晚点时间和出现列车进入晚点的概率;

(5)查定平均必要列车运行图缓冲时间;

(6)确定区间通过能力。

13. 高速铁路通过能力的影响因素有哪些?

答:高速铁路通过能力主要受运输模式、列车种类、速度、停站、运行图铺画方式、站间距离、天窗设置等设备和运营因素的影响。

第二章　铁路车站通过能力计算

1. 什么是车站通过能力?

答:车站通过能力是在车站现有设备条件下,采用合理的技术作业过程,一昼夜能够接发货物(旅客)列车数和运行图规定的旅客(货物)列车数。车站通过能力包括咽喉通过能力和到发线通过能力。

2. 什么是咽喉通过能力?

答:咽喉通过能力是指车站某咽喉区各方向接、发车进路咽喉道岔组通过能力之和。

3. 什么是到发线通过能力?

答:到发线通过能力是指到达场、出发场、通过场或到发场内办理列车到发作业的线路,采用合理的技术作业过程和线路固定使用方案,一昼夜能够接、发各方向的货物(旅客)列车数和运行图规定的货物(旅客)列车数。

4. 车站咽喉通过能力计算方法有哪些?

答:车站咽喉通过能力计算一般采用利用率计算法。

5. 占用咽喉的时间有哪些?

答:列车占用咽喉时间,调车占用咽喉时间,机车占用咽喉时间,固定作业占用时间,妨碍时间。

6. 什么是区段站到发线通过能力?

答:区段站到发线通过能力是指到发场中办理列车到发作业的线路

一昼夜能够接、发各方向的货物列车数和运行图规定的旅客列车数。

7. 区段站到发线通过能力采用何种计算方法?

答:采用利用率计算法进行。

8. 占用区段站到发线的时间有哪些?

答:(1)无改编中转货物列车占用到发线时间;

(2)部分改编中转货物列车占用到发线时间;

(3)到达解体货物列车占用到发线时间;

(4)自编出发货物列车占用到发线时间;

(5)单机占用到发线时间;

(6)固定作业占用到发线时间;

(7)其他作业占用到发线时间。

9. 影响车站通过能力的因素有哪些?

答:(1)咽喉通过能力。

(2)到发线通过能力。

(3)车站改编能力。

(4)信、联、闭设备类型及车站作业组织情况。

(5)车站办理各方向的列车种类和数量。

(6)计划车流量和行车量的分配等。

10. 通过能力计算,从哪些方面可以提高运输能力?

答:(1)提高列车重量;(2)增加行车密度;(3)提高行车速度。

第三章　铁路车站改编能力计算

1. 车站改编能力是指什么?

答:车站改编能力是指在合理使用技术设备的条件下,车站的固定调车设备一昼夜能够解体和编组的货物列车数或车数。

2. 什么是解体能力?

答:解体能力是指驼峰或牵出线在现有技术设备、作业组织方法及调车机车数量条件下,一昼夜能够解体的货物列车数或车数。

3. 什么是编组能力?

答:编组能力是指牵出线或驼峰在现有技术设备、作业组织方法及调车机车数量条件下,一昼夜能够编组的货物列车数或车数。

4. 编组站(三级三场)的组成部分有哪些?

答:由到达场、驼峰、调车场、牵出线、出发场及相应的技术设备组成,共同完成车列的到达、解体、集结、编组和出发作业。

5. 影响编组站到达场到发线通过能力的因素有哪些?

答:(1)列车到达的不均衡性;(2)列检能力;(3)驼峰解体能力及其负荷;(4)接车延误率;(5)空费系数。

6. 编组站出发场的两端各连接什么?

答:编组站出发场的两端连接(含与其并列的通过场)一端连接着调车场尾部牵出线(或联络线)及外包调车场的站内正线,另一端连接着各出发区段。

7. 编组站出发场的主要任务是什么?

答:其主要任务是:第一,正确及时的完成车列出发前的技术准备工作,并保证不间断地接入中转列车和按运行图规定的时刻发车;第二,保证繁忙期间能从调车场不间断地转入编成的列车,及时腾空调车场线路,为驼峰的正常解体作业创造客观条件。

8. 如何计算编组站编发线通过能力?

答:编发线的发车能力可按下列公式计算:

$$N_{编发}=\frac{(1-r_{空})(1\ 400\ M-\sum t_{固})}{t_{编发}}$$

式中　M——编发线数量；

$r_{空}$——编发线空费系数，取0.15～0.20；

$t_{编发}$——一列列车平均占用编发线的时间，min，且

$$t_{编发}=t_{预占}+t_{分解}+t_{集占}+t_{待编}+t_{编}+t_{出}+t_{待发}+t_{发}+t_{其他}$$

其中　$t_{预占}$——开始向编发线解体前预先办理进路的时间，自允许推峰时起至车列推到峰顶时止的时间，min，

$t_{分解}$——解体一列车的时间，min，

$t_{集占}$——解体一列车占用编发线的时间，根据实际查定的资料予以确定，min，

$t_{待编}$——集结终了以后等待编组的时间，min，

$t_{编}$——车列的编组时间，min，

$t_{出}$——列车出发技术作业占用时间，min，

$t_{待发}$——列车待发时间，自出发技术作业终了至发车时止的时间，min，

$t_{发}$——发车时占用编发线时间，自列车启动时起至列车腾空该线路时止，min，

$t_{其他}$——摊到每列占用该编发线的其他作业时间，min。

第四章　车站客货设施能力计算

1. 客运站到发线通过能力如何计算？

答：客运站到发线通过能力可按下列公式进行计算：

$$N_{客}=\frac{M_{客}(1\ 440-t_{停})(1-a_{空费})}{t_{占均}}$$

式中　$N_{客}$——到发线通过能力，列；

$a_{空费}$——旅客列车到发线空费系数；

$t_{占均}$——平均一列旅客列车占用到发线的时间，min。

2. 什么是客运站到发线的通过能力？

答：客运站到发线通过能力是指在一定的列车运行图、车站设备、作

业性质(有无货物列车接发)和旅客列车技术作业过程情况下,到发线一昼夜能够接发的最多旅客列车数。

3. 客运站到发线通过能力的影响因素有哪些?

答:(1)各种列车占用到发线时间;(2)客运站接发各种列车的比重;(3)列车到发的不均衡性;(4)空费时间;(5)旅客列车到发线数;(6)客运站站型。

4. 客车整备场通过能力如何计算?

答:整备场通过能力计算采用利用率法进行计算:

$$K=\frac{n_{整}\ t_{占}}{1\ 440\ M_{整}(1-a_{空费})}$$

式中 $n_{整}$——根据列车始发运行图或设计年度运量确定的需在该站整备的始发、终到客车对数(市郊、站折旅客列车不计);

$M_{整}$——整备场整备线数量,条。

5. 什么是客车整备场通过能力?

答:客车整备场通过能力是指在一定的列车运行图、整备线作业方式、整备线数量及整备车底性质固定条件下,整备场一昼夜能够整备的最多车底套数。

6. 客车整备场通过能力的影响因素有哪些?

答:(1)运行图规定的始发、终到旅客列车开、到时刻;(2)旅客列车性质;(3)整备作业方式;(4)空费时间;(5)其他因素。

7. 什么是驼峰解体能力?

答:驼峰解体能力是在既有技术设备、作业组织方法及调车机车台数条件下一昼夜能解体的货物列车数或辆数。

8. 什么是调车场尾部牵出线编组能力?

答:调车场尾部牵出线编组能力是在既有技术设备、作业组织方法及调车机台数等条件下,一昼夜能编组的货物列车数或辆数。

9. 什么是旅客最高聚集人数?

答:旅客最高聚集人数是指客运站全年上车旅客最高月份中,一昼夜候车室内瞬时(8～10 min)出现的最多候车(含送客者)人数的平均值。

10. 旅客最高聚集人数的影响因素有哪些?

答:旅客最高聚集人数的影响因素是:旅客上车人数、旅客在候车室的滞留时间、旅客的性质、客运站距居民点距离的远近、城市交通条件是否便捷、旅客列车运行图排列是否均衡、预售车票组织及车站附近文化、旅馆设施条件等。

11. 客运站房规模按旅客最高聚集人数如何划分等级?

答:

表 12-4-1

客运站规模	旅客最高聚集人数 H(人)
特大型	$H \geqslant 10\ 000$
大　型	$2\ 000 \leqslant H < 10\ 000$
中　型	$400 \leqslant H < 2\ 000$
小　型	$50 \leqslant H < 400$

12. 客运服务设施能力由哪些组成?

答:(1)候车室的候车能力;(2)行包房的存放能力;(3)天桥、地道及进、出站口的通过能力;(4)售票房的售票能力等。

13. 货场作业由哪些组成?

答:货场作业包括取送车作业、装卸车作业、货物保管作业以及货物搬运作业。

14. 对货场作业能力的影响和制约因数有哪些?

答:货场作业能力是受取送车能力、场库设备能力、装卸车能力和进出货搬运能力影响和制约。

第十三篇　救援起复

第一章　基本知识

1. 铁路行车事故救援队伍主要包括哪些力量？

答：铁路行车事故救援队伍主要包括救援列车、救援队、救援班（点）。

2. 救援队的主要职能是什么？

答：救援队承担着一般性脱轨事故的应急处理、较大事故的协同处理和重大事故的辅助处理任务。

3. 救援点由哪一级负责设置和管理？

答：救援点由运输站段根据管辖区段的具体情况自行设置和管理，报铁路局（公司）核备，救援机具由站段统一配置。

4. 救援设备按性能分为哪些类？

答：救援设备按性能分为拉复设备、顶复设备、吊复设备、配套索具、破拆及救援设备和辅助设备六大类。

5. 拉复设备、工具包括哪些？

答：主要有复轨器及逼轨器、液压牵车机、牵引套钩、牵引绳以及承担牵引任务的救援机车。

6. 顶复设备、工具包括哪些？

答：主要有机车车辆及动车组液压起复机具、液压侧顶扶正机具、多功能起重气袋、液压移翻机具等。

7. 吊复设备、工具包括哪些?

答:主要有救援轨道起重机、机车车辆吊具、机车车辆承吊销和承吊钩、起重机支腿垫块等。

8. 什么是配套索具?

答:配套索具是配合顶复和吊复作业使用的设备,用于将机车车辆及动车组的转向架固定在车体上。

9. 什么是破拆及救生设备,主要包括哪些工具?

答:破拆及救生设备是进行破拆及救生作业时需要使用的设备,主要由液压破拆机具、便携式等离子束切割机、便携式汽油切割机、自给正压式空气呼吸器等。

10. 救援辅助设备包括些什么?

答:主要有救援台车、救援抬轮器、高架铁道救援抢险设备快速调运装置、液压救援设备液压性能测试装置、现场音视频远程传输系统等。

第二章　救援方案

1. 事故救援原线开通有哪些救援起复方法?

答:拉复:用复轨器、牵引动力拉拽事故车复轨。顶复:用液压起复机具将事故车顶起,向线路中心横移直至车轮落轨。吊复:用起重机将事故车吊起复轨。翻复:当机车车辆颠覆或线路损坏,不能拉复、又无顶复、吊复条件时,可采用拖拉机、装载机、坦克等大型动力设备,把事故车拉翻到铁路限界之外,或利用起重机将事故车吊起并翻至铁路线界之外,迅速开通线路。

2. 什么是拉复救援法?

答:在线路轻微损坏、机车车辆没有倾斜、台车可正常使用的情况下,可采用机车牵引方法,使用复轨器进行复轨。

3. 什么是顶复救援法?

答:当线路遭较轻程度破坏易修复时,可采用液压起复机具,将走行部基本完好的机车车辆顶复复轨;或者利用简易台车,将走行部损坏的事故车辆顶起并更换转向架后复轨。

4. 什么是吊复救援法?

答:利用铁路救援起重机吊复机车车辆,或利用汽车起重机等社会救援机械吊出发生堆叠、打横、侧翻的事故车辆。

5. 什么是翻出限界救援法?

答:采用装载机、推土机、拖拉机等作牵引动力,借助钢丝绳将事故车辆拉翻或者直接拖出至线路一侧的限界以外。

6. 桥梁事故救援拉复作业有何要求?

答:为克服桥梁护轮轨的影响,可使用分体式复轨器进行拉复作业。若采用桥梁专用复轨器,则在作业时不必拆卸护轮轨,可以防止发生二次事故。

7. 桥梁事故救援顶复作业有何要求?

答:采用顶复法作业时,须将液压起复机具横移梁的下部用石砟垫平,再满铺枕木,减少受力集中。

8. 桥梁事故救援吊复作业有何要求?

答:一般情况下,不允许在桥梁上进行吊复作业,以防轨道起重机翻倒。当吊复成为唯一选择时,作业前应有工务部门确认桥梁的支撑能力能否满足起吊承重要求,必要时对桥梁进行加固;轨道起重机必须做到顺轨作业,回转角度禁止超过正负限定区;禁止在桥梁上打支腿,严格落实无支腿作业的安全措施。

9. 隧道一般性脱轨事故救援通常采用哪些救援方法?

答:隧道一般性脱轨事故通常采用拉复方法或顶复方法实施救援。

10. 隧道内一般性脱轨救援拉复法应注意哪些?

答:隧道内一般性脱轨救援,传统的人字型复轨器只能在混凝土枕碎石道床上使用,遇到整体道床线路或宽轨枕线路时,需使用新型拉复设备(含复轨、逼轨器)。

11. 隧道内一般性脱轨救援顶复法有哪些注意事项?

答:将脱轨车的车体连同转向架抬起—横移—落下至轨道上。

12. 隧道内较大性脱轨事故通常采用哪些救援方法?

答:通常采用顶复方法或吊复方法实施救援。

13. 隧道内较大性脱轨事故救援怎么使用顶复法?

答:将事故车辆扶正、顶起并横移至线路上,安装转向架或救援台车,使事故车辆恢复运行能力,牵引出隧道。

14. 隧道内较大型脱轨事故救援怎么使用吊复法?

答:采用 160 t 伸缩臂轨道起重机和羊角钩吊具本线起吊空车(重车应卸空货),安装转向架或救援台车,迅速牵出隧道。

15. 隧道内重大性脱轨事故一般采用什么方法救援起复?

答:采用机车牵出、快速清障的方法实施救援。

16. 隧道内重大性脱轨事故采用机车牵出时应注意些什么?

答:由于隧道内空间狭小,货物不易卸空,因此应根据车钩及车体强度,按照所需牵引力配备牵引机车和牵引器材。为了降低牵引阻力,避免破坏线路,可在基本轨两侧钉上旧轨,形成 4～6 条轨排,填充石砟,将事故机车车辆逐一拉出隧道。

17. 隧道内重大性脱轨事故如何做到快速清障?

答:(1)如有邻线,可采用进口的 160 t 伸缩臂轨道起重机和羊角钩吊具将事故空车体吊至邻线的平板车上。(2)采用具有挖、抓、吊等功能的小型履带式挖掘机,在作业空间狭小的单、复线隧道内倒装货物及分解车体结构。通用挖掘机的功能比较单一,可根据救援现场的实际需要,由生产厂家进行功能扩充。

18. 坡道事故救援一般采用什么方法?

答:坡道事故救援采用拉复、顶复、吊复、拉翻法均适合。

19. 坡道事故救援应注意哪些事项?

答:(1)必须做好轨道起重机和机车车辆的防溜,空气制动操纵阀手柄应处于制动位并使用止轮器。轨道起重机在6‰以上坡道作业时,应连挂机车。利用钢丝绳拉车时,不得延下坡方向牵引。(2)轨道起重机前后车轮离钢轨高度间隙不一致,下坡道方向一端间隙大,上坡道方向一端间隙小,操作垂直支腿油缸时,应参照水平仪的技术要求进行调整,作业中必须时刻注意起重机支腿状态。

20. 曲线事故救援需要注意哪些事项?

答:(1)进行拉复作业时,应沿原脱轨方向的反方向牵拉,并在外轨内侧的复轨器前方安装2 m以上的护轮轨。拉车时要缓慢,以防车轮复轨后受曲线影响再次脱轨。(2)因轨道起重机左右侧车轮与钢轨间隙不一致,在打支腿时,必须保证外侧车轮有悬空间隙。如外轨超高较多,起重机无法调平,在曲线内侧吊重或向曲线内侧回转时应减载不少于20%。(3)起吊作业结束,收支腿落车轮复位时,操纵应缓慢,注意观察车轮位置。如个别车轮不能复位,应使用顶轮工具将车轮全部复位。

21. 无砟轨道拉复装置包括哪些?

答:包括复轨器和线路护板,复轨距离可达500 mm。

22. 高架桥顶复救援应注意哪些事项?

答:应采取与普速铁路桥梁相同的措施,即承重点下部首先满铺石砟,然后再牢固放置面积较大的油缸底座。

23. 动车组救援吊复应注意哪些事项?

答:为在救援过程中更好的保护动车组车体并降低作业人员的劳动强度,承吊销或承吊钩选用高强度轻质合金材料,使用迪尼玛吊索作为吊具的下部绳索。

24. 事故现场救援应特别注意哪些环节?

答:(1)事故救援工作必须坚持以人为本的原则,严格执行总公司、铁路局有关安全作业的规定,确保作业和人身安全,对危及人身安全的行为要果断制止,防止事故的蔓延和扩大。

(2)对装载危险品、易燃品、易爆品、有毒物品、放射性物品的车辆实施救援前,必须采取保证人身和作业安全的措施,并在专业人员的指导下进行起复、卸车或移动作业。事故现场存有易燃易爆及有毒有害等危及人身安全的物品时,要给作业人员发放必要的防护装备和用品。应急救援指挥中心根据现场请求,及时组织、调集相应的安全防护装备。

(3)大型救援机械和救援列车在电气化区段实施救援作业时,必须在确认接到停电命令并做好接地防护后方准进行。

(4)隧道内救援作业由于受到场地限制,工作空间狭窄,空气流通不畅,不便于太多的救援机具运到现场,造成现场的混乱,阻碍现场的作业。应根据现场救援工作的进展情况,有计划的确定下一步需要开展的工作,安排救援人员到岗;有效控制人员、机具,扩大救援现场空间,为救援工作提供有力保障;作业人员应携带照明用具,执行好呼唤应答制度,防止挤、砸、扎伤和窒息。

第三章　拉复救援法

1. 人字型复轨器的工作原理是什么?

答:人字型复轨器的工作原理是,在外力牵引下,使脱轨车轮由轨下沿复轨器斜坡面滚动升高至钢轨平面，同时利用导轮棱条横向调整车轮滚动方向，逼迫车轮轮缘，使轮对移动复轨。其特点是不论车轮脱轨至线路同一侧或两侧，向一个方向拉复都能使其复轨，而未脱轨的车轮从其顶上越过不会造成脱轨。

2. 人字型复轨器应如何安装?

答:根据其安装方法的不同，有腰带加固、尾部穿销加固及尾部加钩腰部加穿销等几种形式。

3. 人字型复轨器的使用缺陷有哪些?

答:复轨器骑卧在钢轨上，在作业时可能被压在车轮底下不易取出，影响复轨工作的进行，又由于其有效复轨距离小，当车轮脱轨距离较大时须配合逼轨器才能使其发挥作用。

4. 人字型复轨器各部分的作用是什么?

答:大筋、小筋——以高起部位逼迫导向，使车轮延复轨器表面滚动升高至钢轨顶部复轨。

校正筋——用来校正车轮沿大小筋斜向滚动到复轨器头部时的方向，与钢轨成一直线后落到钢轨上面复轨。如果没有校正筋，在车轮延大小筋斜向滚到头部时，速度稍高就会冲向另一侧面脱轨。

钢轨槽——使复轨器卡入钢轨，限制其左右移动，同时使复轨器尾部落在轨枕上，起平稳作用。

道钉槽——让开道钉、扣件使复轨器尾部全面与轨枕接触。

5. 人字型复轨器有效复轨的距离怎么确定?

答:由于大筋的逼轨距离比小筋的逼轨距离大，当线路内侧的脱轨车轮(与小筋接触)爬上复轨器时，线路外侧的脱轨车轮(与大筋接触)已完全爬上复轨器，而外侧脱轨车轮爬上复轨器不等于内测车轮一定能上复轨器，上不了复轨器就不能复轨，因此要以小筋来确定复轨器的有效复轨距离。

6. 车轮脱轨距离如何测量?

答:脱轨距离为脱轨车轮上某点到车轮实际复轨后位置间的水平横向相对距离。在实际中,可以测量线路内侧脱轨车轮轮缘内侧点到钢轨内边的距离。

7. 车辆脱轨后两个转向架在线路一侧如何拉复?

答:可在距拉复方向最前端的车轮前一根或两根轨枕的位置安放人字型复轨器,然后将脱轨车辆与救援机车连接。

8. 车辆脱轨后两个转向架在线路两侧如何拉复?

答:可根据车轮脱轨距离选定适当地点,在拉复方向的前转向架脱轨车轮前安放人字型复轨器,有条件时在后转向架前也安放人字型或海参形复轨器,用机车拉动复轨。如只有一对人字型复轨器,则须在后转向架下延运行路线垫好石砟。

9. 车轮脱轨过远或者偏斜如何处理?

答:当脱轨车轮离钢轨较远,超过复轨器的复轨距离,或者脱轨车轮向钢轨外方偏斜,拉动复轨有可能超出复轨距离时,必须采用逼轨方法作业。逼轨可选用逼轨器或使用钢丝绳拉拽。在后者情况下,将钢丝绳一端挂在偏斜车轮外侧的轴箱上,用机车拉动,逼使车轮向钢轨方向调整并靠近,然后再适当地点安放复轨器拉动复轨。

10. 车辆脱轨成骑马状如何拉复?

答:较理想的复轨方法是采用钢丝绳调整拉复法,即在脱轨车轮前方铺垫石砟或铁板,一直铺到复轨器尾部,将钢丝绳一端挂在钢轨外侧脱轨车轮的轴箱上,另一端连接在机车车钩上,在脱轨车轮前方适当地点安放人字型复轨器。准备完毕后,指挥机车慢慢拉动,当脱轨车轮爬上复轨器后停止,将挂在轴箱上的钢丝绳取下,再挂在脱轨车辆的车钩上,重新拉动脱轨车辆即可复轨。

11. 车轮脱轨在两轨之间如何拉复?

答:(1)将脱轨轮对前方的钢轨扶正,利用轨距撑杆、道钉进行固定。

(2)因轮对的外侧距离大于 1 633 mm,踏面宽度约 107 mm,所以要在轨距小于 1 633 mm 处先安放一只人字型复轨器,另一支复轨器安装在轨距小于 1 526 mm 处。

(3)以钢丝绳连接机车牵引复轨,在车轮走行部下要垫石砟或铁板。

12. 车辆在曲线上脱轨如何拉复?

答:(1)事故发生在曲线头部时,如车辆斜度不大,可将车辆拉入直线段,然后按在直线线路上的拉复办法处理。

(2)按原脱轨方向往回牵引,并在内侧复轨器前方安设 2m 以上护轮轨以防车轮复轨后受曲线影响再次脱轨。如车轮脱轨后离外侧钢轨较远,可将钢丝绳拴在轴箱上拉动,待接近钢轨或拉上复轨器后,再取下钢丝绳套在车钩上拉复。也可使用逼轨器使其靠近复轨器后再复轨。

13. 车辆在道岔区脱轨应使用什么复轨器?

答:一种为道岔专用复轨器,一种为组合式复轨器。

14. 机车车辆冲出土挡如何起复?

答:当机车车辆冲出土挡后陷得较深,不能直接采用拉复的办法时,可采取顶起后铺线复轨的方法。(1)将转向架和车体捆绑牢固,用千斤顶将机车车辆顶起,当轮对高于线路后搭枕木垛支撑车体。(2)在车底下铺垫石砟,铺上钢板、枕木或穿入歪倒的钢轨,落下千斤顶并撤出索具,使车轮轧上钢板或钢轨腹部。(3)在尽头线末端处安放端头或人字型复轨器,用机车牵引复轨。当机车车辆冲出土挡脱轨时,若斜度不大,且地面与线路的高度接近,可在线路尽头处直接安放端头或人字型复轨器,利用机车拉动复轨。

15. 机车脱轨拉复时应注意哪些?

答:(1)机车脱轨后,齿轮箱、均衡梁及制动装置等与地面接触,在拉复时容易刮坏以上部件，还容易碰带复轨器。为此，将复轨器离开机车前部 2m 左右安放，然后再脱轨车轮与复轨器间垫上石砟或斜面垫板等物，形成拉复时抬高机车的条件，使车轮容易爬上复轨器。

(2)拆除机车排障器。如机车后部没有排障器，可采取倒退的方法复轨。

(3)机车质量大，转向架转向困难，特别是对三轴转向架，利用复轨器迫使脱轨车轮复轨的力量和拉动的力量都很大。因此，当机车脱轨时，要请求 2～3 台机车救援。

(4)将复轨器安装在机车两转向架之间，根据脱轨车轮相对于复轨器的位置，确定机车向前或向后拉动复轨。

(5)如果脱轨后车轮距钢轨较远，可采取逼轨的方法，使车轮靠近钢轨，然后在使用复轨器复轨。

(6)如一个轮对脱轨，可采用复轨器复轨；如脱轨车轮较多，最好不用复轨器而采用其他救援方法。

16. 铁路线路上哪些既有设备可以用来复轨车辆?

答:道岔间隔铁、道口与桥梁护轮轨等。

17. 什么是道岔间隔铁复轨法?

答:在沿车轮复轨路径上的两钢轨间填充石砟，其高度应保证在车轮压过后与轨面相平，拆开倒插转折连接杆。救援机车与脱轨机车车辆用牵引绳连接。

18. 什么是道岔辙岔心复轨法?

答:先在车轮复轨一侧线路的护轮轨前钉一根短钢轨，一端与护轮轨头部相接，然后在新钉的短轨与基本轨间填满石砟，以便将车轮踏面垫起到轨面高度和迫使车轮进入该轮轨槽内。在辙叉心后两基本轨间填满石砟、钢板等，使车轮能够较容易的爬上辙叉心顶部。用牵引绳连接事故车，以机车拉动。车轮进入护轮轨后，即可迫使另一车轮沿着正确轨道运行。

19. 什么是道口、桥梁护轮轨复轨法?

答:在铁路与公路的平交道口、桥梁上,为了保证运行的安全,都设置了护轮轨。脱在线路内侧的车轮可在护轮轨前面铺设石砟,脱在线路外侧的车轮可用接头夹板、铁垫板等垫成斜坡,使其高于外侧钢轨便可牵引复轨。如护轮轨漏斗开口太小,不能迫使车辆靠近基本轨时,可在护轮轨端部增设短钢轨。

第四章　顶复救援法

1. 顶复法能解决哪三类救援问题?

答:(1)顶复脱轨或颠覆的机车车辆。

(2)为尽早开通线路,将事故后不能走行或无起复价值的机车车辆翻出或移出限界。

(3)在事故现场快速架车,以更换破损的走行部件;在铺设便线时,用于架桥。

2. 液压顶复设备主要包括哪些配件机具?

答:液压顶复设备主要由液压站、举升装置、侧顶扶正装置、液压管路和辅助机具组成。

3. 液压站主要由哪些方面组成?

答:液压站由泵装置、阀组合、油箱、电器盒等组合而成。

4. 举升装置主要由哪些部件组成?

答:举升装置主要由举升千斤顶、堆叠式垫环(块)组等组成。

5. 横移装置包括哪些部件?

答:横移装置包括横移小车与滑板、横移梁、横移千斤顶及托架、顶轮器等部件。

6. 什么情况可以使用端梁位两点顶复?

答:四轴货车前端转向架脱轨,车轮落在钢轨一侧。如果脱轨车辆的底架与轨面的间距大于 500 mm,则可以采用端梁位两点顶复法。

7. 端梁位两点顶复如何准备?

答:(1)用相应的索具将转向架与车体捆绑在一起。为防止顶车时因车体移动发生危险,须在车辆后端转向架的轮对两侧安放止轮器。

(2)在车体前端梁与脱轨转向架之间,垂直于线路传入横移梁。横移梁架在线路的两根钢轨上,两端及连接件下部用短枕木垫实。根据路基的松软情况,横移梁应高于轨面 20～30 mm。

(3)将两个横移小车分别放在横移梁上,通过调节连接杆的长度使两个横移小车分别位于两端(侧)顶升位置的下方;在小车平台上设置套筒式千斤顶。为防止打滑,在千斤顶头部与端(侧)梁间应垫以硬木板、胶皮或棉纱等。

(4)将横移千斤顶及托架安放在横移梁的适当位置,使托架上的定位块落入横移梁的定位孔中。横移千斤顶的头部与小车相连,尾部与托架相连。

(5)按要求接好液压油管。要特别注意检查各油管接头上的进、出口标记,以防因接错发生危险。

8. 端梁位两点顶复作业程序是什么?

答:(1)启动液压站,将控制阀手柄放在起升位置,使横移小车上的两只套筒式千斤顶同步起升,将车体前端连同脱轨转向架一起平稳顶起至超过钢轨平面。

(2)启动横移千斤顶,推动横移小车并带动套筒式千斤顶、车体一起在横移梁上平移。

(3)当车体中心与线路中心重合时,摆正转向架。将小车上的套筒式千斤顶和车体一起缓缓落下,使转向架轮对落在钢轨上。

(4)撤除油管,把千斤顶、横移小车、横移梁等从车下拉出。拆除捆绑索具,清理作业现场。

9. 什么情况下可以使用钩头位单点顶复?

答:如果脱轨车体的底架与轨面的间距小于 500 mm,应选用结构高度小于 250 mm 的低式千斤顶,采用步进法作业。

10. 钩头位单点顶复应做好哪些准备?

答:(1)用相应的索具将转向架与车体捆绑在一起。为防止顶车时因车体移动发生危险,须在车辆后端转向架的轮对两侧安放铁鞋(止轮器)。

(2)在车体前端梁与脱轨转向架之间,垂直于线路传入横移梁。横移梁架在线路的两根钢轨上,两端及连接件下部用短枕木垫实。根据路基的松软情况,横移梁应高于轨面 20～30 mm。

(3)将横移小车摆放在横移梁上,低式千斤顶设置在小车滑板上,在千斤顶缸体上面依次安放支撑点环和支撑垫板,将小车及千斤顶推入脱轨车下,对正车钩托板或车体中梁。

(4)将横移千斤顶及托架安放在横移梁的适当位置,使托架上的定位块落入横移梁的定位孔中。横移千斤顶的头部与小车相连,尾部与托架相连。

(5)按要求接好液压油管。要特别注意检查各油管接头上的进、出口标记,以防因接错发生危险。

11. 钩头位单点顶复作业程序是什么?

答:(1)千斤顶正向给油后,活塞全部伸出,支撑垫板顶在车钩托板或车体中梁上。用叉型工具将 1 号垫环放置在千斤顶支撑垫环上,垫环的开口应朝向外侧。

(2)缩回千斤顶活塞,使车体落在垫环上。从垫环的开口处塞入 1 号垫块,重新伸出千斤顶活塞,经 1 号垫块再次顶起车辆。

(3)在 1 号垫环上加装 2 号垫环,落车,塞入 2 号垫块,再次伸出活塞杆顶起车体,重复以上步骤,反复交替使用垫环、垫块,一步步将车体连同转向架顶起,直至脱轨轮对越过钢轨平面为止。

(4)启动横移千斤顶,推动横移小车并带动套筒式千斤顶、车体一起在横移梁上平移。

(5)拆除垫环(块)程序与上述步骤相反。

12. 钩头位单点顶复有哪些注意事项?

答:(1)为保证作业安全,必须使用叉型工具安放或拆除垫环、垫块,严禁用手直接操作。

(2)为保证横移作业安全,顶起高度应小于600 mm。

13. BQ型便携式救援机具主要由哪些部件组成?

答:整套机具主要由超高压汽油机泵站(亦可另外配备其他形式的泵站)、1 200(Ⅰ)kN/600(Ⅱ)kN双级或1 000 kN单级起升千斤顶、横移梁(含铁夹板)、200 kN/100 kN推拉式横移千斤顶、横移车、600 kN辅助千斤顶、垫环、垫块、弧形垫板、横移支撑及超高压油管等组成。

14. BQ型便携式救援机具如何安装起升及横移装置?

答:(1)单点顶复时,将一根2 m横移梁和一根1 m横移梁用铁夹板和螺栓予以可靠连接。双点顶复时,将两根2 m横移梁用铁夹板和螺栓予以可靠连接。如果长度不够,可在接一根1 m横移梁。

(2)在脱轨车的起顶点下方铺垫4～5根短枕木并架设横移梁(尽量将梁体接缝置于轨面上方或道心外侧),使梁高于轨面20～30 mm并处于水平状态。

(3)单点顶复时,将横移车放在横移梁上,并将铁垫板放在活塞杆伸出端。双点顶复时,测量车体两侧顶升点的水平距离,将两台横移车放在横移梁上,通过调节连接杆的长度使两台横移车分别位于两侧顶升位置的下方;将两只起升千斤顶分别置于横移车中部(活塞杆向上),并将两块铁垫板分别放在活塞杆伸出端。

(4)把横移千斤顶放在横移梁上,用两只ϕ30 mm的销轴分别将千斤顶前部耳环与横移车耳环、千斤顶后部耳环与横移支撑耳环相连。

(5)用两根油管把泵站换向阀2和横移油缸连通,将控制阀手柄搬至右位。

(6)转动换向阀手柄伸出千斤顶活塞杆,使横移支撑的卡块落入横移梁上最接近的支撑卡槽内。

15. BQ 型便携式救援机具起升装置如何使用?

答:(1)单点顶复时,用两根油管把泵站换向阀 1 和一只起升油缸连通,将控制阀手柄搬至左位。双点顶复时,连接泵站换向阀 1、手控分流阀组和两只起升千斤顶将控制阀手柄搬至左位。

(2)单点顶复时,转动换向阀手柄向起升油缸的下腔供油,将脱轨车逐渐顶起,当活塞杆完全伸出后,迅速将换向阀手柄搬至中位。双点顶复时,同步伸出两只起升千斤顶的活塞杆,将脱轨车逐渐顶起。

(3)先将小垫环至于起升千斤顶缸体表面的环形止口内,再将大垫环依次放在小垫环上方(注意止口方向),然后反转换向阀手柄向千斤顶的上腔供油,使活塞杆逐渐缩回至极端位置。

(4)在活塞杆伸出端依次加装垫块(凸台朝下)并向油缸下腔供油,将脱轨车再次顶起。

(5)重复千斤顶伸出→加垫环→千斤顶缩回→加垫块之过程,即可逐步将脱轨车顶至所需高度(以台车车轮高于轨面 20～30 mm 为宜,可用中垫环进行调整)。

(6)落车时,垫环、垫块的拆除过程为千斤顶伸出→加垫环→千斤顶缩回→拆垫块,重复以上程序,直至车轮复轨。

16. BQ 型便携式救援机具横移装置如何使用?

答:(1)起升作业完成后,将控制阀手柄搬至右位。

(2)转动换向阀手柄向横移千斤顶的下腔供油,使脱轨车逐渐向复轨方向移动,当活塞杆完全伸出或横移到位后,迅速将换向阀手柄搬至中位。

(3)每根横移梁均留有多个间距为 250 mm 的横移支撑卡槽,如一次横移不能将脱轨车复位,可以抬起千斤顶后部从卡槽内取出卡块,然后缩回活塞杆,使支撑卡块落入相邻的支撑卡槽内并再次进行横移,直到复轨为止。

17. BQ 型便携式救援机具辅助装置如何使用?

答:(1)将辅助千斤顶顶头对准车体较低侧的可承载部位,其底座放在牢固的基础上，用两根油管把泵站和油缸的油路连通（可随意接至换向阀 1 或换向阀 2 的接头处）。

（2）扳动控制阀手柄接通相应的换向阀油路，然后转动换向阀手柄向辅助千斤顶的下腔供油，待顶至车体基本水平后，迅速将换向阀手柄搬至中位，油缸停止运动。

18. BQ 型便携式救援机具使用有何安全注意事项？

答：（1）启动泵站前，要检查发动机润滑油、汽油和油泵液压油是否充足。

（2）气动泵站后，应将油门控制杆置低速位，只在需要高压供油时，才将控制杆调制高速位。高压工作完毕后，应及时将控制杆移回低速位。

（3）如油管接头不易拔出，可快速左右搬动换向阀手柄并返回中位；如油管接头不易插入，可用随机配备的接头泻压器释放管路或油缸内部的压力，然后在进行连接。任何插拔快速接头的操作都必须在换向阀手柄至于中位的情况下进行。

（4）当各油缸伸出或缩回至行程终点时，泵站压力表会突然指示很高的数值，这时要立即将换向阀手柄搬至中位。

（5）应定期检查汽油发动机的运转情况，必要时清洁火花塞、空气滤清器和化油器，补充或更换汽油及润滑油。

第五章　吊复救援法

1. 吊复法有哪几个基本要素？

答：吊复法作业包括起重机、吊具、吊索和被吊物体几个基本要素。

2. 吊复法作业的基本内容是什么？

答：（1）掌握被吊机车车辆、动车组的结构参数，如质量、重心、集合尺寸和承吊点等。

（2）根据被吊物体的结构参数和现场拥有的吊复设备选择吊复方法，拟订吊复方案，制定安全措施。

(3)根据确定的吊复方案组装吊具、吊索,完成吊复救援作业。

3. 吊复法如何确定被吊物体的重心?

答:形状规则而且组织均匀的物体的重心,就在物体的几何中心上。比如矩形物体,它的重心在其 1/2 高度所处平面的对角线交叉点上;立置的圆柱形物体,它的重心在其 1/2 高度所处平面的圆心上;卧置的圆柱形物体,它的中心在其半径所处水平面的对角线交叉点上。再如,DF4 型机车的重心在转向架 2 轴、5 轴上方两侧承吊孔对角线的中点;25 型双层客车的重心在两转向架心盘中心连接线的 1/2 处等。如果物体是有两个或两个以上大致规则的外形组成,可以分别找出个部分的重心,再按照力的合成方法求得整个物体的重心。对形状不规则的物体,一般采用垂直挂法找测物体重心:在物体上任取两点作为吊点,分别垂直悬挂起来,重心即在两条悬挂延长线的交点上。

4. 吊复法选择吊点的原则是什么?

答:在对物体进行多点吊装时,应以重心为中心对称选择吊点或捆绑点,这样可以保证物体被吊起后不摇、不晃、不转动、不翻倒。(1)对有吊耳或吊孔的物体,应利用这些吊耳、吊孔进行起吊作业。(2)对长件物体,应使两个吊点处在重心两侧,并且使起吊力通过重心延长线。(3)对高大物体,吊点必须对称设置在重心上部。(4)对质量较大的矩形物体,应设置 4 个吊点并分步在与重心对称的 4 个方向上。